善哉雄安

魅力雄安丛书

河北大学雄安传统文化研究中心
保定市文化广电新闻出版局　主编

善哉雄安

李春雷　黄军峰　著

河北大学出版社

图书在版编目（CIP）数据

善哉雄安 / 李春雷，黄军峰著．-- 保定 ：河北大学出版社，2017.5
（魅力雄安丛书）
ISBN 978-7-5666-1193-2

Ⅰ．①善… Ⅱ．①李… ②黄… Ⅲ．①精神文明建设－先进事迹－河北 Ⅳ．① D648

中国版本图书馆 CIP 数据核字（2017）第 101141 号

善哉雄安

出 版 人：耿金龙
选题策划：邹 卫 杨显硕
责任编辑：杨显硕 韩立霞
装帧设计：赵 谦 王占梅
责任印制：靳云飞
出版发行：河北大学出版社
地址：河北省保定市七一东路 2666 号 邮编：071000
电话：0312-5073033 0312-5073029
邮箱：hbdxcbs818@163.com 网址：www.hbdxcbs.com
印 刷：保定市正大印刷有限公司
开 本：889mm×1194mm 1/16
印 张：6.75
字 数：132 千字
版 次：2017 年 5 月第 1 版
印 次：2017 年 5 月第 1 次印刷
书 号：ISBN 978-7-5666-1193-2
定 价：45.00 元

“魅力雄安丛书”编委会

中国的明眸

——写给雄安新区（代总序）

每一个春天都是相似的，每一株荷花都是相似的，每一瓣萼片都是相似的。但，岁月不一样，年轮不一样，意义更不一样。

就像公元2017年春天的主角——白洋淀。

4月中旬，就在国家公布成立雄安新区的重大新闻之后，我再一次走进白洋淀，走进了她的温柔和宽阔。

暮春季节，风暖气清。绿茵茵的堤地上，杂树生花，油菜黄，槐花白，石榴红，姹紫嫣红，各呈其艳。清澈温静的水面，丰丰盈盈，波光粼粼，像大自然的微笑。最是那一望无际的小荷才露尖尖角，新嫩的叶片，毛毛茸茸，娇娇弱弱，仿佛婴儿的脸，宛若新娘的羞，在明媚和熏风中，摇曳着，弹奏着，呲呲呲，嗡嗡嗡，唰唰唰。那是大地的吟唱，那是太阳的私语，那是天然的音乐，那是现实的诗草……

所到之处，每一个人，每一株树，每一条船，每一辆汽车，每一座房舍，表面上都是安静的，若无其事的，但其内心，又都是激情的，跃跃欲试的。恰似一个已经披上红盖头的新娘，静静地端坐着，正在等待着一场天地间最盛大的婚礼。

京津冀，是她的娘家；而她的婆家，便是整个中国，整个世界。

是的，过去的白洋淀，是小家碧玉，是河北的女儿。而现在，她已蝶变为一位白领丽人，成为整个国家的公主。

这，是一个怎样令人瞠目结舌而又恍然大悟的惊喜啊，又仿佛是一个穿越历史长河的千年约定！

四十亿年前，地球正是一个莽莽撞撞、冒冒失失的毛头小伙子，精力过剩、大开大合、裂变重组。现今的河北平原与西侧的太行山脉，还是一个无形的胎儿，在海底酣睡。

漫漫二十四亿年间，阜平运动、五台运动、吕梁运动、蓟县运动、加里东运动、华力西运动……在一次次剧烈的造山运动中，天地间岩浆喷溢，海水煮山，溟溟漠漠。缀满日月星辰的产帐里，顿失浩渺无垠的蔚蓝。大海颤抖着、哭泣着渐渐后退，让位于缓缓崛起的峥嵘。

太行山挽着华北平原，从海水中悲壮地诞生，形成了原始的骨骼。

又是长达数亿年的混沌。这片山岩地带经过雨浸风化，变成肥沃的土壤，长成莽莽森林，衍生出低等的生命。

东风化雨、周流不息。长期的摸索、长期的磨合，大山与森林，终成眷属，生成了最适合、最稳固的生态系统。他们的女儿，便是脉脉细流，出落成小溪，发育为大河，带着嫁妆，嫁与平原。年深日久，便在太行山东麓形成了一个个扇形冲积区。

滹沱河与永定河冲积扇南北相峙。中间的低洼地带，形成一汪烟波浩渺的大湖。

这，便是儿时的白洋淀。

大山为屏，白云为幕，日月为灯，而白洋淀，就是一方舞台，演绎着大自然亘古漫长的铿锵戏剧。气候冷冷暖暖，森林进进退退，披毛犀、猛犸象、原始牛等大型动物，你方唱罢我登场。人类呢，远远地躲在太行山的洞洞里，只是这幕皇皇大剧的配角。

玉木冰期结束，气候变暖。大型耐寒动物们渐次退场，小鹿、黄羊们逐步登台。远远地躲在幕后的人类，也试试探探地走下山来，在白洋淀周边安营扎寨，打猎捕鱼，开始最早的原生态烧烤。

1986年，考古学家在白洋淀区域的徐水县发现一处古人类遗址。据考证，距今一万零五百年至九千七百年前后，为中国北方地区年代最早的新石器时代遗址。

生活在白洋淀这一方水土的先民，点燃了河北平原的第一堆文明篝火……

天地之心，神鬼莫测。造物者奇异的构思，人类永远也诠释不透。

仰韶时代（距今约七千年至五千年前）早期和中期，正处于全新世大暖期的鼎盛时期，气候暖湿多雨，华北平原河流纵横，白洋淀迅速发育，水域面积扩张到最大范围——南起博野、肃宁，北达固安、永清，西至望都、定州，东连古文安洼，覆盖今保定大部分地区，襟连廊坊、天津、沧州等地。烟波浩渺、水接遥天。

这场因地球大暖期形成的洪水，对华夏民族，影响甚巨。

《孟子·滕文公上》："当尧之时，天下犹未平，洪水横流，泛滥于天下。"

禹遵舜命，全力治水，"开九州，通九道，陂九泽，度九山"，改障为疏，因势利导，历经十三年，水患始平。

而佐助大禹治水毕其功于一役的，正是白洋淀！

《尚书·禹贡》记载："导河积石，至于龙门……北过降水，至于大陆。又北，播为九河，同为逆河，入于海。"

降水，即漳河；大陆，即大陆泽，在古白洋淀上游；逆河，指天津沿海一带。

据此可以推定：彼时，正是大禹引导黄河由西南而东北，横穿白洋淀，于天津入海。

当大禹最后掘通白洋淀的入海水道时，一项永载史册的伟大功绩诞生了。

于是，开启了中国历史上的第一个王朝——夏朝。

华夏民族，也由此正式踏入国家的轨道。

……

水运即国运，此言绝不虚！

商周时期，先民烧荒开垦野田。因为地广人稀，自我修复，生态依然葱茏。白洋淀像一汪澄澈的眸子，天真无邪。

公元前334至前311年，燕国为防御秦、赵、齐国入侵，在白洋淀北岸修筑南长城。

南长城西起今易县西南，向东经定兴、徐水、安新、任丘，至文安东南，全长二百五十余公里。

这便是白洋淀“长城堤”的前身，奠定了如今白洋淀的北界。

白洋淀一带，成为军事要地，有史以来第一次被提升到国家（诸侯国）战略高度。

东汉末年，曹操为统一北方，开凿白沟水渠、平虏渠、利漕渠、白马渠、鲁口渠，使“清、淇、漳、洹、滱、易、涞、濡、沽、滹沱同归于海”，初步形成了如今的海河水系。

逮至北宋，白洋淀区域再次上升到国家战略。大兴土木，建造西起今满城东北，东至泥沽海口，绵延七州郡，屈曲九百里，“深不可行舟，浅不可徒步”的“塘泺防线”，以拒辽兵南侵。

宋代建设，奠定了白洋淀今天的格局。彼时，白洋淀虽经人为修筑，但仍然丰盈和谐，澄澈宁静，碧玉温润，蓝天白云，日月沉浮，宛如一个安详的世界。

打破这一方宁静的，是元明两代的大肆破坏。

元在北京建立大都城。燕山、太行山茂密的森林遭到严重破坏。及至明代，砍伐愈烈。

亿万年来形成的生态系统，彻底紊乱。燕山、太行山区水土流失，下游河道淤塞，洼淀淤浅，退缩以致湮废。

《新安县志》记载，明弘治元年（1488年）之前，地处九河下梢的白洋淀已经淤为平地，“地可耕而实，中央为牧马场”。

恶性循环，愈演愈烈！

雍正皇帝汲取过去只筑不疏的教训，“既堵亦疏”，向疏泉、引流、建闸、筑堤综合治理的方向努力——“治直隶之水，必自淀始。凡古淀之尚能存水者，均应疏浚深广，并多开引河，使淀淀相通。其已淤为田畴者，四面开渠，中穿沟洫，洫达于渠，渠达于淀。”

乾隆三十七年（1772年），下诏严禁围淀造田。

然而，直至光绪六年（1880年），虽然重修千里堤，但白洋淀区域仍是洪灾不断。此后，清朝统治日见衰落，无心经营水利。及至民国时期，白洋淀地区更是“十年九涝”。

决策失误，贻害无穷！

中华人民共和国建立初期，白洋淀湖盆总面积五百六十一点六平方公里。因入淀河道狭窄，淀水宣泄不畅，加之堤防不固，每到汛期，一片汪洋。

为根治河北平原洪涝灾害，国家采取塞源节流策略，各入淀河流上游修建水库，拦洪蓄水。虽然减轻了下游洪涝灾害，但由于上游水库拦蓄，入淀水量逐年减少。

20世纪70年代初期，白洋淀治理再度出现偏差，错误地提出了“向淀底要粮”的口号，几乎给白洋淀带来灭顶之灾。

随后，工农业粗放发展，且用水浪费，导致地下水严重超采。白洋淀身下，竟然形成了全球最大的地下水超采漏斗区。

一汪明亮的美目，悄然暗淡，直至干枯。

……

中国人，痛定思痛，最终找准了自己的位置，与自然握手言和。

近年来，国家陆续上马“引岳济淀”“引黄济淀”等工程，终于使白洋淀重现生机。

从从芦苇、簇簇青葱之间，荷叶田田，萼红灼灼。白洋淀宛若一位村姑，焦虑过、痛苦过，却也在慢慢成长、成熟。

白洋淀，终于从历史的愁云惨雾中款款走出，蛾眉清秀，笑靥如花。曾经的忧戚与泪水，已经过去……

河北简称“冀”。

禹分九州，“冀”为其首。

“冀”，是希望，是期待，是梦想。

她，在默默地等待着什么？

世界格局变化，国内发展转型，都对中华民族的未来发展提出了新的更高要求，而首都北京，人满为患，远远超出了其自身承载能力，负重前行，力不从心。长此以往，必有决堤成灾之险。

治国如治水，真正的政治家，必然效法大禹，因势利导。

历史的目光四顾扫瞄，最终与白洋淀相遇——雄安新区规划横空出世！在2017年奏响了一曲更加雄壮的“春天的故事”。白洋淀区域，猛然被提升到前所未有的国家战略高度。

以白洋淀为核心的雄安，是雄韬伟略，是长治久安，更是一座走向世界的未来之城！

几亿年的沉睡，几万年的磨难，几千年的迷茫，几百年的彷徨，几十年的哭泣，几年来的凝眸，仿佛都是为了这个结果，为了这个老天在冥冥之中构思了亿万年的约定！

这个约定，出乎意料，极合情理；看似偶然，更属必然！

雄安新区，雄县、容城、安新三县呈掎角之势，互为表里。

这是一种天然的融合与对接，雄壮之风，包容之质，安详之气，中和融通。

“容城”之名的来历也颇有趣味：汉景帝年间，居然册封匈奴降王于此，称容城侯。这泱泱大国的包容气度，与后代生息于此的人们的精神特质是如此契合。

雄安之美，首在历史人文，厚重壮烈，可歌可泣。既有杨六郎坚守瓦桥关，舍身卫长城，又有杨继盛铁肩担道义，浩气还太虚；既有雁翎队大抬杆痛击日寇，又有孙连仲血战台儿庄；既有雄州子弟兵，“天下第一团”，还有“硬骨头六连”，天下无敌手。

还有这片肥沃土地里孕育的美的精灵：白洋淀芦苇画、苇编；雄县米家务纸花、黑陶；容城服装、布艺玩具和安新“一花三宝”（荷花，芡实、皮条、菱角）。当然，还有那些令人垂涎欲滴的美食：鸡里蹦、荷花茶、松花蛋、龙凤鸭……

在安新县的一个小村里，我邂逅了一位渔民老大娘。

老大娘问我，不知道将来雄安新区的楼房里让不让盘土炕。

她深情地说，睡了一辈子土坯炕，织了一辈子芦苇席；将来的新区，如果还能让她织席的手艺用得上，那该多好啊。说着，老大娘悄悄地告诉我，白洋淀最漂亮、最宽展的芦苇席，单领的尺寸是“一丈五”。

织一领“一丈五”的芦苇席，是白洋淀女儿当年最深重的承诺。特别是在出嫁的时候，那是带给婆家的必备的嫁妆，寓意丰满。

是的，未来的雄安新区，看得见山，望得见水，更应该记得住乡愁。

我相信，在那里，既会有高楼广厦，鳞次栉比；也一定会有逐水而居，渔歌互答。一座座青砖瓦舍的古朴土炕上，铺开着一领领宽展展的白洋淀芦苇席，清香袅袅……

正是暮春时节，村前村后，不时可以见到卖小鸡、小鸭的商贩。街巷里，到处是一阵阵鹅黄色、嫩白色的啼唤。

那是小生命破壳后的世界宣言，清越而纯净，热烈而执着。

那一天晚上，我住宿在老大娘村上的农家旅店。大土炕，芦苇席，踏实而温热，睡得特香甜。

早上醒来，忽然发现窗格上一抹猩红，颤颤的，鲜鲜的，如羞赧，如蛋黄，如初恋。我心内一振，马上起床，向外走去。

窗后就是白洋淀。湖水、芦苇和荷叶们仍在睡眠，一切耽于平静。圆润的水面，安谧、安详。那一涡涡依依稀稀的雾岚，是慵懒的梦呓。

渐渐地，猩红愈加浓稠，涂染着湖面，半湖瑟瑟半湖红。

这时候，太阳冉冉升起，惺惺忪忪的白洋淀，满面粉红，楚楚可爱。忽地，一阵风来，仿佛一通锣鼓，万物惊醒。顿时，鸣鸟满天，野鸭欢跳，所有的芦苇荡和小荷们，都兴奋地舞蹈着、鼓掌着……

是的，此时的雄安，宛若正在举行一场轰轰烈烈的婚礼。而她，就是这天地间最辉煌的新娘！

我仿佛看见，这美丽的新娘，已经睁开一汪澄澈的大眼睛，扑闪着浓密的、灵动的睫毛，看着中国，看着世界。

这中国的明眸，蓄满着微笑和自信，写满着对未来千年的美丽希冀！

而那一顶红盖头，便是宇宙间那垂挂天地的纱绸般的圣洁的晨曦，便是那红彤彤的中国梦！

李春雷

2017年5月11日夜12时于邯郸

目录

引子

四月的中华大地，燕舞莺歌，禾壮花肥。

在这个充满活力、梦想与希望的春天，中共中央、国务院向全国、全世界宣布了一项重大决定：设立河北雄安新区。

时间老人的脚步在这一刻做了短暂停留，他把闪耀着智慧的目光聚焦在中国版图一个新的坐标上，唇齿碰撞间，一个崭新的“春天的故事”缓缓地拉开了帷幕……

这一天，是 2017 年 4 月 1 日。

设立雄安新区，是以习近平同志为核心的党中央做出的一项重大的历史性战略选择。雄安新区将雄县、容城、安新及周边部分区域，牢牢地整合在了一起，就像一只紧握的拳头，充满了力量。

雄安之名，取雄县的“雄”字、安新的“安”字，“雄”字代表宏伟、博大，“安”字意味稳定、安康。雄安新区，寓意吉祥又富有远见，她尊重历史，站位当下，放眼未来……

80 年代看深圳，90 年代看浦东，21 世纪看雄安。

国家发展，为什么会把目光聚焦于此？

穿越悠悠历史长河，雄县、容城、安新及周边部分区域，不仅是丰腴之地、红色之地、希望之地，更是一片尚善之地。

雄安之善，善在哪里？

从古黄河文明的大禹治水引洪入海，到白洋淀文化的垦田渔猎、定居兴业；从元朝学者刘因隐居授徒，到明代名臣杨继盛孝老爱亲的家风传承；从展现人民纯朴善良的民间古乐，到耕耘心灵、抒写自由的白洋淀诗群；从英勇杀敌的抗日雁翎队，到当下“不以善小而不为”的道德模范……

在雄安这片热土上，或小善扶弱济贫，或大善舍己报国，善行义举深深植根于此，犹如一棵棵参天大树，守望着这片土地上勤劳善良的人们，一辈辈，一代代……

倘若将雄安新区比作一位巨人，善行义举就是他的血脉。雄县、容城、安新及周边部分区域，地缘相近、“血脉”相连，构建起一个充满蓬勃旺盛活力的庞大生命体。

雄安之善，善在似乎散散落落，却又无处不在；雄安之善，善在似乎简简单单，却又扎扎实实；雄安之善，善在似乎无须培根灌水，却又生生不息……

善在雄安！善哉雄安！

黄河壶口瀑布

大禹治水，开凿河道，引洪入海，最后一站到达的就是现在的白洋淀。大禹就是在这里把黄河水引入了渤海。

滔滔黄河水夹带着大量泥沙，经年累月，奔流不息，淤积出了白洋淀周边的冀中大平原。

当时，这里只不过是黄河末端的一片洼地，受泥沙淤积的影响较少。公元前 602 年，也就是周定王五年，古黄河改道南移。改道之后的黄河仍有大量河水存积于此。同时，古黄河的一些支流——滹沱、滱水、滋水、博水、卢水、泒水等，并没随着黄河改道而改道，它们仍然沿着古河道注入白洋淀，由此也奠定了白洋淀“九河下梢”的格局。

“下梢”，尾部、终点。“九河下梢”，九条河流到白洋淀也就到了尽头。在古汉语里，“九”字不一定是确数，古人常常用“三”或“九”来形容数量之多，像李白的“飞流直下三千尺”等。按照这样的推断，进入白洋淀的河流又何止九条？

白洋淀，容纳了三千七百多条沟壕、一百四十多个淀泊和三十多个水区村，这种格局，南北稀有。

外观看，白洋淀既有别于通常意义上的天然湖泊，又不同于人工修建的水库；

初秋暮色白洋淀

宏观讲，三百六十六平方公里的面积，使得它同样具有“浩浩荡荡，横无际涯”的雄浑；

微观讲，被河道及苇田分割成的一个个淀泊，又展示着“半亩方塘一鉴开”的灵动。

白洋淀一方面接纳九河之水，另一方面又把自己的水注入海河。上善起于水，白洋淀在这里做了最完美的注脚。

长期以来，人们在大淀内外休养生息、艰难创业，把这里变成了肥美富庶的鱼米之乡。是的，白洋淀给勤劳善良的人们不知带来了多少福利，这里我们不妨借用一句老话来评价：白洋淀功德无量！

白洋淀之水默默流淌了数千年，数千年是何等漫长而悠久的历史！

具有悠久而漫长历史的白洋淀，如同古老的黄河一样，孕育着一种文化，一种文明，一种精神。

碧波万顷的白洋淀，浇灌着燕赵大地；甘甜纯美的河水，养育着善良的人们。赫赫功绩，无比辉煌！

白洋淀及周边，有数不尽的绮丽风光！白洋淀及周边，有讲不完的历史陈迹、传说神话！

上善若水

让我们把目光从两千五百年前拉回到现在，让我们把思绪从古老的黄河岸边回到燕赵大地，回到新设立的雄安新区。

雄安之地，自古就不乏生生不息的水脉。

雄安新区的水脉，当从一个淀区说起。

白洋淀，这个被称为“华北之肾”的地方，位于雄安新区内。

在中国地图上，雄县、容城、安新三县鼎立，白洋淀宛若点缀其上的一颗熠熠闪烁的明珠，耀眼而夺目。

仁者乐山，智者乐水。

当水、人、城一起映入你的眼帘时，是用水光潋滟、和谐共存来描绘，还是以水乳交融、天人合一来形容，这一切，历史自有作答。

时空的隧道是永恒的，随着岁月的流逝与变迁，当我们再一次把目光聚焦到一片水、一座城、一群人的时候，穿过历史的烟云，会发现这里远比我们的印象深刻得多。

白洋淀，是由海而陆、陆而湖反复演变而成的，潴龙河、孝义河、唐河、府河、漕河、萍河等九河都与它血脉相连。九河入淀，让白洋淀汪洋浩渺，势连天际。

中国古老的典籍《山海经》中，记载了白洋淀久远的历史。上古时期，白洋淀一带为黄河故道。当时，中原地区“洪水滔天，浩浩怀山襄陵”。

大约两千五百年前的一天，老子与孔子——对中华文化的形成起到重要作用的两位智者，在黄河边上进行了一次意义深远的对话。

老子手指浩浩黄河，问孔子：你为什么不学学水的大德？

孔子说：水有何德？

老子说：上善若水，水善利万物而不争，此乃谦下之德也；故江海所以能为百谷王者，以其善下之，则能为百谷王。天下莫柔弱于水，而攻坚强者莫之能胜，此乃柔德也；故柔之胜刚，弱之胜强坚。因其无有，故能入于无间，由此可知不言之教、无为之益也。

孔子

老子

这次对话，将什么是善以及善行的境界推向了极致。

也正是因为这次对话，善与水从此结下了不解之缘。

善之柔：好水热土润身心

探索一个地域的某一种文化或者精神，必须找到其根源所在。

寻找雄安之善，自然要以精深宏大的传统文化体系作为参考。我们把探索的目光投向历史的深处，在浩瀚的历史典库里，一个词语——“上善若水”——被我们牢牢地抓住了。

上善若水，水是生命的根源；水善利万物，一方水土养育一方人。

安身立命之水，润泽心灵之水。

善者心柔，柔情似水。而似水一样的音乐，同样可以安顿人们的身心，柔情骤生。

当自然之水与人类的生命融为一体的时候，我们不自觉地就把目光聚焦到了雄安新区的白洋淀——于是，雄安之善的故事，也就从水开始了！

湿地长廊

春到水乡

瓦桥关

北宋时期，雄县瓦桥关北部与辽人为邻，由于没有关河阻挡，契丹兵马常侵扰边关，边民耕织失业，田地大多荒芜。而边关不断增兵戍守，供给成了困扰朝廷的大问题。

993年，也就是宋淳化四年，六宅使何承矩上书朝廷建议屯田戍边。文中写道："契丹轻而不整，贪而不亲，胜不相让，败不相救，以驰骋为容仪，以弋猎为耕钓。栉风沐雨不以为劳；露宿草行不以为苦。复恃骑战之利，故频年犯塞。臣闻兵有三阵：日月风云，天阵也；山陵水泉，地阵也；兵车士卒，人阵也。今用地阵而设险，以水泉而作固，建设陂塘，绵亘沧海，纵有敌骑，安能折冲？昨者契丹犯边，高阳一路，东负海，西抵顺安，士庶安居，即屯田之利也。"

宋太宗见到奏章，非常赞许，并任命何承矩为制置河北沿边屯田使，主持屯田戍边事宜。

何承矩到任雄州后，立即着手屯田事宜。他先实地勘察地形，做规划设计，又担心兴师动众，泄露了战略部署，于是心生一计，以赏花为名，暗测地形。

他召集州县所属官员及文人，乘船置酒，游览白洋淀，观荷花，赏蓼花。大家边喝酒赏花边作诗弄文，何太守却暗中把地形默记于心，着人画成图册。从此，何承矩开始了屯田挖淀的伟大工程。

当时，水乡泽国的白洋淀，水大泛滥，水小沼泽，既不利防边，又无法耕种。何承矩发动雄州、霸州、平戎、顺安等处驻兵一万八千人，沿淀边修成了长达六百里的堤堰。

他们又在淀内挖成若干条河道，堤外耕地，堤内湖泊，堤口设闸，引淀水灌溉。田地做好以后，种植水稻。由于稻种是由南方引进，北方无霜期短，因而初种未能成功。于是此事遭到了许多人的非议。

何承矩并不灰心。他经过考察分析，命人改种七个月即熟的江东早稻；稻谷收割后，命人用车把部分样品送到朝廷。《宋史》记载："议者乃息。而莞蒲、蜃蛤之饶，民赖其利。"议论停止了，雄州白洋淀一带也变成了富饶的鱼米之乡。自此边患日息，边民日富。

……

乾隆画像

明清两代，白洋淀一带十年九涝，水灾给老百姓带来了极大的灾难。史籍上常见白洋淀灾情的记载："明成化十四年四月，安州、新安大水，城几陷。""明万历二十七年秋，大水浸城，新安城门壅土为障，四境尺地无余。"……

明清两朝皇帝都比较重视白洋淀的治理。康熙五年（1666年），开始白洋淀地区的水利治理，朝廷先后若干次发帑筑堤。这项庞大的工程一直持续到乾隆年间。该工程体现了巨大的价值：利用河渠旧迹施工，将唐河引入府河，从保定府新闸到安州膳马庙修建六座闸口，既解决了泄水问题，又开辟了新航道。

此后，保定南关舟船云集，经府河，穿越白洋淀，直达天津，津保往返通航达两百年之久……

经过治理的白洋淀，风景秀丽，宛若一幅绝美的风景画。

秀美的地方，自然也少不了皇家贵族的光顾。

传说有一年，乾隆皇帝带着几个亲信，打扮成百姓模样，来西淀游玩。百里大淀，到处都是船、鱼、莲、菱，可谓"满淀荷花香，渔船穿梭忙。水鸟扑面飞，芦花似围墙"。一到西淀，他们就

白洋淀风光

20世纪70年代容城百姓采菱角

看花了眼。

乾隆皇帝站在船头，看到这样的好景色，高兴得不得了。周围的亲信看见皇帝摇头晃脑，知道其要吟诗作对了，一个个捧砚的捧砚，拿笔的拿笔，铺纸的铺纸，待其挥毫作诗。

正值此时，厨师从船舱里端出了一盘圆溜溜、香喷喷、白如雪、薄如纸的大饼来。乾隆触景生情，龙眼一转，顺口说出："风吹荷叶千层饼。"

乾隆有个怪脾气，他作上句，必让人对下句。若是对不上，惹他发了脾气，臣工们可是吃不了兜着走。亲信们你看我，我看你，谁也对不出下联来。

醉美水乡

正在这时，对面划过一只小船，船舱里蹿出一个打鱼老汉。他把作对的事儿听得一清二楚，端着一碗高粱面疙瘩汤，用筷子搅了两下，说道："客官，老汉对下联。"

乾隆往小船上一瞅，见是个又黑又瘦的打鱼老汉，没把他放在眼里，可自己这伙儿人又对不上来，只得拱拱手，说道："请！"

只见打鱼老汉望着一片片菱角说："浪打菱角疙瘩汤。"乾隆皇帝听后，高兴地连声称赞："对得好！对得妙！"

听到皇帝的称赞，亲信随从、文人学士，个个脸红如鸡冠，羞愧无比。时至今日，白洋淀一带仍流传着这样一首诗："风吹荷叶千层饼，浪打菱角疙瘩汤。船头巧联对乾隆，渔夫倒比才子强。"

源头活水

雄安之善，善在言行，也善在声音。

这不是普通的声音，这种声音融汇了宫、商、角、徵、羽，这种声音起于民间、流于民间，这种声音与他们的生活紧密相连，生活的喜怒哀乐成为这种声音的主角。人们用曼妙多姿的音律，表达着内心的真善美，抒发着无以言表的真情实感。

律动的音符，在钟灵神秀的一方水土上，生生不息，余音袅袅……

中国古乐，源远流长。

关于音乐的起源可以追溯到古老的洪荒时代。人类在还没有产生语言时，就已经知道利用声音的高低、强弱等来表达自己的想法和感情。

随着社会的发展，逐渐产生的统一劳动节奏的号子和相互间传递信息的呼喊，便是最原始的音乐雏形。

从《吕氏春秋·古乐》记载的"昔葛天氏之乐，三人操牛尾，投足以歌八阕"之史实，和考古发现的大约七千年以前先民们用陶土做的吹奏乐器"埙"就可以证明，很早以前，我们的祖先就创造了音乐。

圈头村出名，除了大自然赐予的美丽风景，除了淳朴、善良的民风民俗，更是因为这里的音乐会。

没有高山相伴，却有流水伴舞，古乐声声，笙笛共鸣，演绎着一份别样的情怀……

位于白洋淀中心地带的圈头村由五个小岛组成，它四面碧水围绕，层叠茂密的芦苇依水而伴，唯一一条通向外界的公路，从村里蜿蜿蜒蜒伸向远方。鸟瞰圈头村，它就像一只游在水面的蝌蚪……

圈头村音乐会始于明末清初，属北乐。乐队由笙、管、笛、云锣、鼓、镲、铙、钹、铛子等乐器组成。圈头村音乐会保留了明清时代甚至更古老的曲目，曲目完整，历史悠久，几百年来传承至今。

《新安县志》对圈头村音乐会做了专门的记载：1748 年，也就是乾隆十三年，乾隆皇帝陪

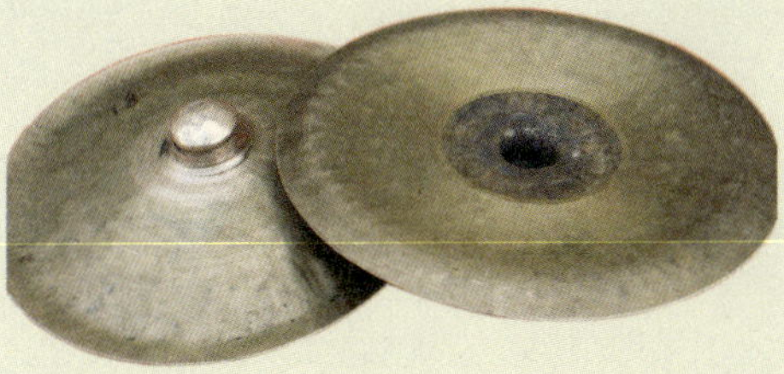
大铙

钹

大镲

笙

管子

笛子

圈头村音乐会的各种乐器

圈头村音乐会乐器：云锣

圈头村音乐会乐器：堂鼓

圈头村音乐会会旗

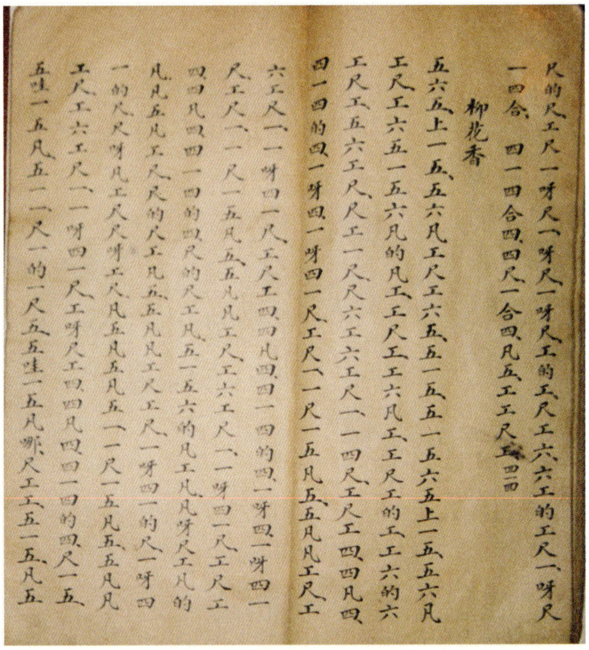

圈头村音乐会古乐谱

皇太后前往曲阜祭孔，途经赵北口留宿一日，便令人在白洋淀行水围，建圈头行宫。

越五年，乾隆去易县西陵扫墓之后，再次陪同皇太后来白洋淀阅视水围，先后在郭里口、端村、赵北口、圈头四处驻跸，聆听了圈头村音乐会演奏的乐曲，并表示赞赏，御赐飞龙旗、飞虎旗各一面和雕龙红蜡。安新县现仍保存有飞虎旗和雕龙红蜡。

圈头村原属任丘——古代名医扁鹊的故乡，而音乐会祭奉的先人正是扁鹊和中国历代名医

在庙会活动中专注演奏的圈头村音乐会新一代传人们

中央电视台《走遍中国》栏目组录制圈头村音乐会表演

圈头村音乐会会员与外国友人合影留念

华佗、孙思邈等。每年农历四月十九至二十一日的庙会是祭奠药王的日子。几百年来，祭祀药王的传统在这里从未间断，圈头村音乐会也因此得以留存完好。

圈头村音乐会现为国家级非物质文化遗产，其传承人夏老肥为音乐会的传承和发展做出了重大贡献。

圈头村音乐会是与民间信仰牢牢结合在一起的，村民们用音乐来祭祀祖先和神灵，也用音乐来为自己故去的亲人超度。

与其他传统音乐会不同，圈头村音乐会的年轻女乐师占据很大比例。当邻村音乐会还固守着“传男不传女”的思想，发愁找不到接班人时，圈头村音乐会的传承者却率先打破了这一陈规。

音乐会实行会员制，全村八百户居民几乎都是会员。

对村民们来说，成为音乐会的会员似乎是天生的。他们一生都伴随着古乐，古乐成为他们血脉里的一部分。

会员每年需缴纳少量的会费，但是，收缴的会费却并不是给乐师们的报酬，而是全部用于添置新乐器。

不仅如此，会员们还常常拿出自己的钱物来补贴音乐会。其中最热心的当数圈头村音乐会的守护人张国振。

圈头村音乐会代表性传承人夏老肥

张国振退休后，便将全部精力投入到保护和宣传圈头村音乐会中。

趁着几位老乐师还在，张国振自掏腰包并组织人员用磁带录制了四十多首古乐。

这两年，他又将这些音频资料配上视频制作成光盘。此外，他还将五十五首乐谱全部录入电脑；认真地归档所有关于圈头村音乐会的新闻和报道。

为了保存文本和影像资料，他自己花钱购买了先进的数码设备。为了音乐会更好地发展，他更是慷慨出资，而他身上的蓝布上衣却仍是十几年前的旧衣服。

他说："我从小在音乐会长大，平时生活很简单，没什么开销和别的爱好，就是喜欢这种传统音乐，也说不出为什么。"

作为国家级非物质文化遗产的雄县古乐，与安新县的圈头村音乐会有着异曲同工之处。

雄县古乐起于宋元、盛于明清，繁荣时的民间音乐会达到二三十家。

这种自发组织、义务演出的"音乐会"，演奏形式也颇为独特。它的乐谱既不是简谱也不同于五线谱，而是一种传统的工尺记谱。这种谱只记录乐曲的骨干音，后人要想掌握，需要在前人的指导下完成。

口传心授，从某种意义上讲，这种代代相

亚古城村音乐会乐器：云锣

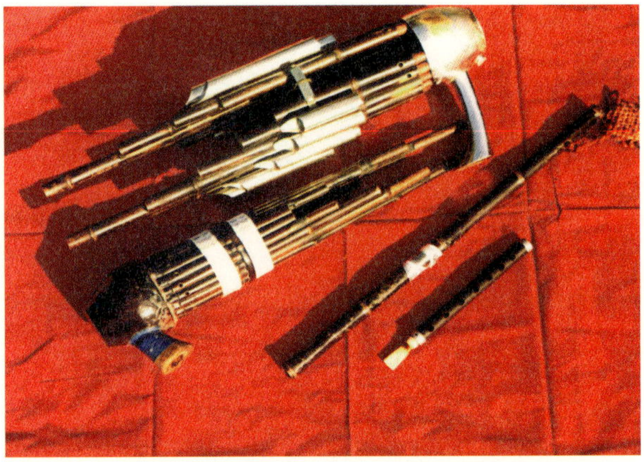

雄县古乐乐器：笙、笛子、管子

亚古城村音乐会乐器：鼓、镲

雄县古乐音乐会班

承的方式既是一种艺术的接力，更是一种心与心的默契和融合。

雄县古乐深深植根于民间，从七八十岁的老人到二三十岁的年轻人，人人都能来上一段。有的家族甚至四代相传共同演奏。正是这种有序继承，使得古乐这种近千年的文化形式在雄县生生不息。

古老的音符演奏着古老的故事；古老的乐谱谱写着崭新的乐章！

是的，在雄安新区这片古老而沉实的土地上，人们也从心底发出了承前启后、创造未来的声音。

春天的汗水凝结着秋天的果实，秋天的硕果又在人们的心中绽放着喜悦的花朵。生活在这里的人们把传承当成了一种责任，他们不图回报，默默地坚守着这份“善行义举”。

一曲《逃军令》，激情澎湃，荡气回肠；一曲《六曲联奏》，凄凄凉凉，悲悲切切……

如果你有机会聆听一次这最纯真的天籁之

亚古城村音乐会在成都展演

音，可能会情不自禁地从心底发出轻轻的呐喊。

一个个美妙的、跳动的音符，在阳光的照射之下，呈现着独特的魅力。在这里，在古老的音乐之中，人们体会到了朴实的艳丽。在这里，朴实与艳丽是那样和谐，是如此得当。

当然，由于工尺记谱相对比较难，又没有办法借助现代工具，古乐艺术亟须抢救性挖掘和保护。

古乐可持续发展的潜力，决定了古乐艺术的挖掘和保护不是短期行为，而是具有不朽生命力的长期事业。

现在所有中国人，甚至整个人类都已经意识到，诸如安新和雄县古乐之类的民间音乐，若不精心保护和传承，过不了多少时日，人们所能见到的就只有影音资料了。

幸好，还有一群为了保护和传承民间音乐而无私奉献的人们，我们应该向他们致敬！

普普通通的传承者，敲响了宏伟乐章的一个个音符。

心怀感恩、胸怀善念的朴实的人们，为一

亚古城村音乐会在河北省非物质文化遗产保护中心录制曲目《孔子叹颜回》

参加演出活动的雄县古乐队

雄县古乐队表演

个地域的文化留下了深深的脚印。

宫、商、角、徵、羽，中华民族最古老的音阶在这里蜕变成一滴滴水珠，融化到人们心里。这小小的水珠，一滴、两滴、三滴……无穷滴水珠源源不断地向着前方跳跃，一路跳跃，一路结伴，越结越多，终将汇成一条汹涌澎湃的文化长河。

一个地方有一个地方的记忆，或有形可辨，残痕依稀，或无形可考，世代口语相传。无论是以物质形态存在，还是以非物质形式相传，一旦成为记忆，都将化为往事。换言之，历史只有长久而鲜活地呈现在我们面前，才不会被我们遗忘。

在雄安新区这片土地上，更多的人在默默地承载着历史传承的重任，他们不图回报，心甘情愿，无怨无悔。正是因为有着这样一群人的存在，才让中华民族的历史，在铿锵前行中变得有了深度和厚度。

善之骨：嘉言义举多贤良

人之初，性本善。

善良，是我们每个人生命的浓妆重彩。

善良，是我们每个人生命的品性德行。

用眺望的目光看，雄安之善，是过去的、历史的；从现实的角度看，雄安之善又是当下的、未来的。

千百年繁衍生息于此的人们，祖祖辈辈牵引着历史的长线，承载着善的使命，沿着中华文化的道德大道铿锵前行，时至今日，依然没有停止奔走的脚步。

是的，在这里，善行义举从未停止过自己奔走的脚步！

历史之善，在今天得到了更朴实、更简单的延伸，惠及当下，启迪后人……

雄安之善，在贤达显贵的善行里；雄安之善，也在黎民百姓的义举里。

这些善行义举，既轰轰烈烈，又平平实实，或许在史册里，彪炳千秋，或许在名不见经传的小事小情里，透露着温暖的善良和朴实。

这些善行义举或许就是一段口口相传的故事，或许就是一件家长里短的小事，或许就是不经意间的一次闲谈。于是，无数个温暖的关于善的细小情节，在这里得以传承和放大，丝丝缕缕地凝聚成无处不在的善的概念和轮廓，向人们呈现出一个和谐、温馨、充满善行义举的雄安。

今天，当我们再一次与一个家族、一种精神握手的时候，我们也深刻地感受到，这种说来简单、做起来不易的事情，在这里已然变成一种承诺、一种责任。

德行的修养、爱心的培育，从来就是我们国家道德建设的主题，也是中华文化千百年来最为夺目之处。在这样的教育和熏陶下，一代又一代的中华儿女成为担负天下兴亡重任的栋梁，从而使得我们这个古老的民族历尽艰险而不颠仆，终将实现伟大复兴的“中国梦”。

容城夜景

尚善先贤

两千多年来形成的儒家和道家思想，成为中华文化延续和发展的重要根脉。

如果把这些根脉绘制成一幅图画的话，其中追求真善美的观念，就是这幅图画中的点睛之笔。

雄安新区所容纳的三个县，从遥远的历史中铿锵而来。追溯它“善”的根源，自然离不开生活在这里的人们。

三台者，今是一个镇，古为一座城。

安新县西北方十余里，即为三台镇。

沿着千年历史长河漫漫追溯，战国初期的安新县，为燕国疆域，后为燕、赵两国的分界地。

当时的安新县，有葛城、浑泥（也称浑埿）和三台三座城池。

三台为燕、赵边界军事要地，《城冢记》中有“燕赵分易水为界，筑三台并置城于此”的记载。

刘因（1249—1293），号静修，元代著名诗人、理学家。

他出生于容城沟市村，因出生时其父梦见白马载小儿奔家来，故名梦骥，后改名因。

刘因不苟合、不妄交，淡泊名利，安贫乐道。他尽管只活了四十四岁，但在其不长的生命历程中，却把半生的时间留在了三台城。

刘因少年时即抱负不凡：学孔孟做圣人；要

刘因像

做与鲍照、谢灵运、曹植和刘桢并驾齐驱的文学家；诗赋要同苏武、李陵、班固、司马相如、王勃、李白相颉颃。

他以天下为己任，说：“头上无绳系白日，胸中有石补青天。”……

然而，元初没有科举，知识分子无法进入仕途。刘因身为布衣，虽抱负不凡，但建功立业实难。

他，只能授徒教学。

刘因在三台镇隐居授徒，一待就是二十五个春秋。

他自编教材，见解独到，将理学贯穿于教学

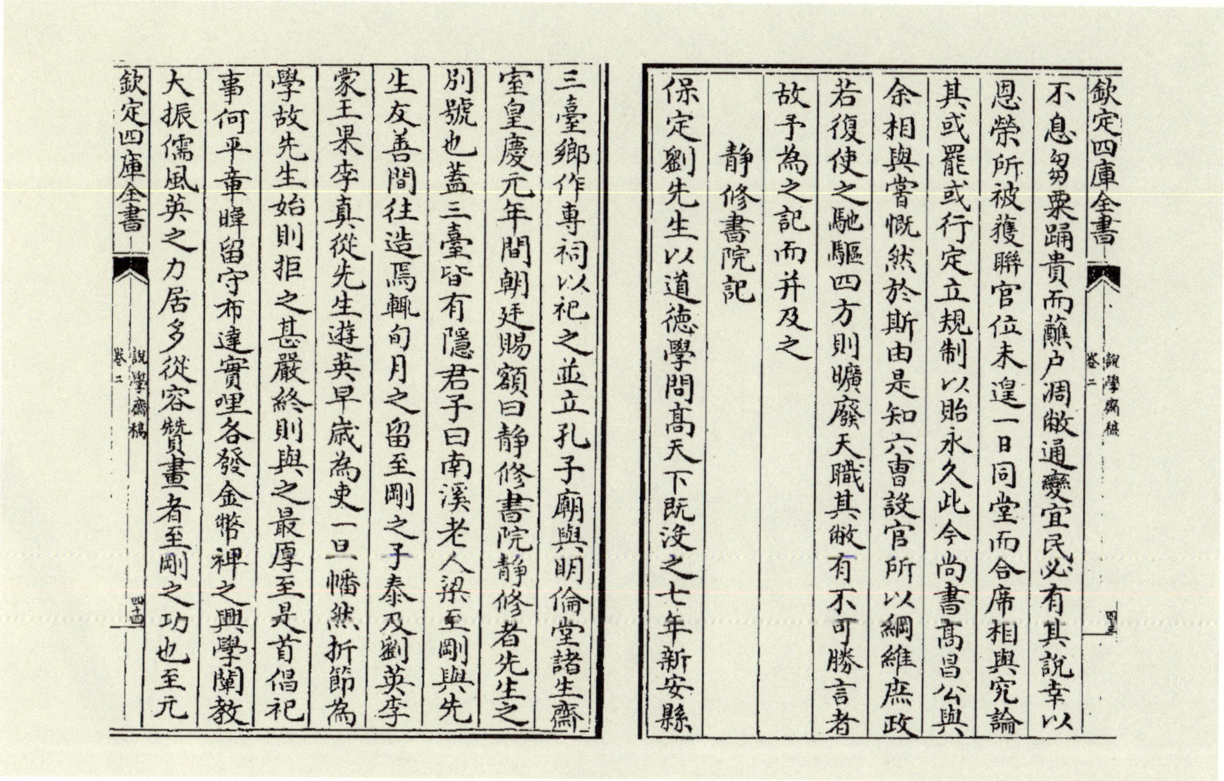

欽定四庫全書　說學齋稿　卷二　四十三

不息芻粟踊貴而顦戶凋敝通變宜民必有其說幸以
恩榮所被獲聯官位未遑一日同堂而合席相與究論
其或罷或行定立規制以貽永久此今尚書高昌公與
余相與嘗慨然於斯由是知六曹設官所以綱維庶政
若復使之馳驅四方則曠廢天職其敝有不可勝言者
故予為之記而并及之

靜修書院記

保定劉先生以道德學問高天下既沒之七年新安縣
三臺鄉作專祠以祀之並立孔子廟與明倫堂諸生齋
室皇慶元年間朝廷賜額曰靜修書院靜修者先生之
別號也蓋三臺昔有隱君子曰南溪老人梁至剛與先
生友善間往造焉輒旬月之留至剛之子泰及劉英李
蒙王果李真從先生遊英早歲為吏一旦幡然折節為
學故先生始則拒之甚嚴終則與之最厚至是首倡祀
事何平章暐留守布達實哩各發金幣裨之興學闡教
大振儒風英之力居多從容贊畫者至剛之功也至元

欽定四庫全書　說學齋稿　卷二　四十四

《静修书院记》书影

之中，讲究师道尊严。他根据学生特点，因材施教，让每个人都有所成就。

刘因名声日隆。

经过保定的朝中公卿官员，均慕名登门拜访。

乾隆《新安县志》中，大学士危素在《静修书院记》中写道：“保定刘先生以道德学问高天下，既没之七年，新安县三台乡作专祠以祀之。并立孔子庙与明伦堂。诸生斋室，皇庆元年间朝廷赐额曰‘静修书院’。”

静修书院古今闻名，并历代多次修葺，备受文人墨客景仰。

历代文人墨客吟唱静修书院，发思古幽情，表达殷殷的期望和追随之意。特别是明代礼部尚书刘恺，告老还乡后所写“我生愧在三台里，谁为先生步后尘”二句，深切抒发了对静修先生的追思和反思；张寅的“纲常有赖三台地，华夏能开一脉天”，更是对静修书院的高度推崇和企盼。

刘因去世二十年后，被朝廷追认为翰林学士，追封容城郡公，谥文靖。

早年间，白洋淀水大，人们无地耕种，只得靠打鱼为生。但是由于鱼种的不同，捕鱼的方法也不尽相同。

捕鱼夕阳里

丝网淀里住着从南方丝绸之乡来的小两口。

他家四舱船上用苇席搭个棚子，舱里放着一个用胶泥做的小锅腔子。

小两口夜间下网，白天收网，昼夜吃住在船上。

每到卖鱼的时候，其他渔民们就有点眼红：自己捕到的鱼都属于那些不值钱的品种，卖不上价，而小两口的网船，网一出水，跟蒜辫子似的，一色的大鲂鱼、鲢鱼。鱼多，价也好。

私下里，人们开始议论：这小两口怎么这么有能耐，下网跟走平道一样麻利快当。咱不会下网，学吧，隔行如隔山……

转过一年，小两口家的船舱里多了个大胖小子。

又一转年，多了个水灵灵的丫头。

再一转年，他们家的船换成了槐木船。船舱做成了平坦的木楼子，钻进去睡觉，不怕霜雪，不怕风雨……

于是，人们又开始议论：咱们一年抡大罱棍，汗珠子摔八瓣，可人家哼着小曲儿就把鱼逮上来了。怪呀！！

这时，一个八十多岁的老渔翁插了话："咱们逮的是底鱼，人家逮的是浮鱼。这两个淀，挨着下游的河道，又有水流，鱼全浮起来了。如果咱们不换渔网，八辈子也赶不上人家。"

船上的小两口一听，乐了。俩人一商量，决定把下网的诀窍无偿传给乡亲们。

他俩手把手教大家怎么撒网，怎么择鱼，怎么织网……

渐渐地，人们掌握了其中的窍门。此后，大淀头、四门寨几个渔村的渔民，也都学会了织网。

百善孝为先。

自古以来，人们把父母抚育子女、子女孝敬父母，看成是做人的基本道德。孔子曰："孝，德之本也。"只有孝敬父母的人，才是一个有责任心、高尚的人。

在雄安新区这片土地上，孝老爱亲古来有之，且薪火相传，惠及当下。

明朝名臣杨继盛（号椒山），便是其中之一。

翻阅林林总总的历史书卷，不难发现，生于容城县北河照村的杨继盛，不仅是一名刚正不阿的千古硬汉，更是一名孝老爱亲的典范。

容城，这座有着千年历史的古城，一个"容"字，给了它最恰当、最合适、最温暖的定义。

时间的指针指向1553年，也就是嘉靖三十二年。这一年，杨继盛因参劾权相严嵩，被陷入狱。

临刑前，他以为人夫、为人父的身份写了《愚夫谕贤妻张贞》和《父椒山谕应尾、应箕两儿》两份遗嘱。

遗嘱中，字字都是爱，字字都是诚。核心三个字：做好人。

杨继盛知妻子刚烈，在遗嘱《愚夫谕贤妻张贞》中，他首先从死生大理出发，劝张贞勿从死。其坦言，若无儿女可守，则从死可也，并谓之"贞节"。

观念虽未超脱封建伦理道德束缚，但是杨继盛看到了妻子、母亲在一个家庭中的重要作用："我就死了，留得你在，教导我的儿女成人长大，

杨继盛画像

各自成家立计，就和我活着的一般。我在九泉之下也放心，也欢喜，也知感你。”

另一方面，“如今咱一家儿无有我也罢了，无有你，一时成不的，便人亡家破，称了人家的愿，惹人家的笑”。

因此，他一再告诫张贞，“千万只是要你戒激烈的性子”，切勿从死。

在《父椒山谕应尾、应箕两儿》的遗嘱中，杨继盛首先教育两个儿子要做正直的君子。“心里若是存天理，存公道，则行出来便都是好事，便是君子这边的人；心里若存的是人欲，是私意，虽欲行好事，也有始无终。”

与此同时，杨继盛在对儿子的遗嘱中多次提出为人交友之道。

他告诫儿子，对“或请你吃饭，或诱你赌博，或以心爱之物送你，或以美色诱你，一入他圈套，便吃他亏，不惟荡尽家产，且弄的你成不的人”，要识破他，“远了他”。而遇到“老成忠厚，肯读书，肯学好的人，你就与他肝胆相交，言语必信。逐日与他相处，你自然成个好人，不入下流也”。与人相处，宁让人，勿使人让我；宁容人，勿使人容我；宁吃人亏，勿使人吃我之亏；宁受人气，勿使人受我之气。人有恩于我，则终身不忘；人有仇于我，则即时丢过。

同时，杨继盛还嘱咐儿子，“你母是个最正直不偏心的人，你两个要孝顺他，凡事依他”，否则便是不孝；对待兄弟要和睦相处，互敬互爱；对四个堂兄（即杨继盛兄长的孩子），“要敬他，让他，祖产分有未均处，他若是要爱便宜，也让他罢。切记休要争竞，自有旁人话短长也”。

……

时间的罗盘回到当下这个原点。杨继盛留给后人的两份遗嘱，在这个世代繁息的家庭身上，有继承良好家风的大公无私，有兄弟间的和睦谦让，有邻里间的互敬互助，甚至，更有作为“外人”的媳妇们的贤孝仁爱……精神的营养，精神的嘱托，远比留给后人万贯家产要珍贵得多。

杨继盛的后人，用实实在在的行动，装点着

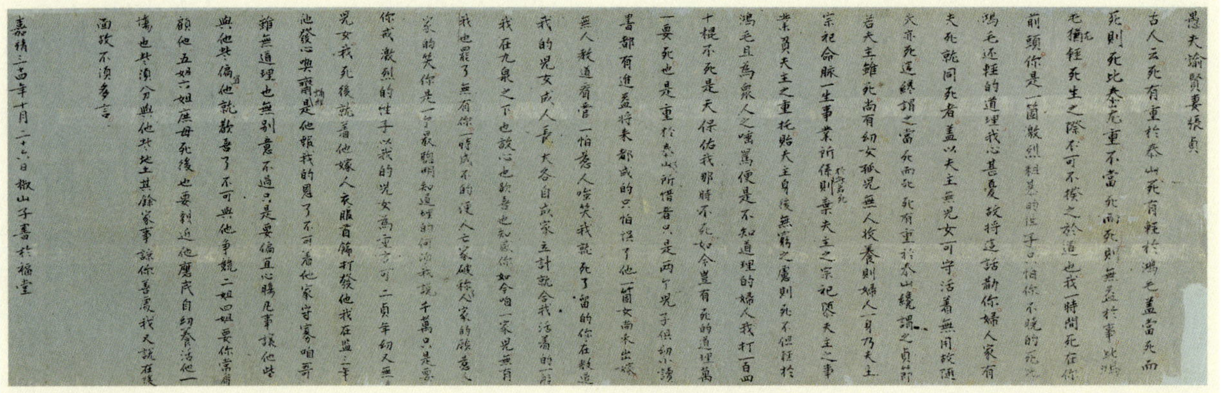

《愚夫谕贤妻张贞》

《父椒山谕应尾、应箕两儿》

杨继盛祠堂

普通生活的富丽堂皇。

孝老爱亲，是中国道德标准的根本。它就像我们生活中的柴米油盐酱醋茶，没有轰轰烈烈，没有波澜壮阔，平平淡淡却耐人寻味。

毋庸置疑的是，杨氏家族的后辈，已经把先人最淳朴的精神融进血液里，这需要历史与现实、行动与灵魂的激烈碰撞。

事实证明，他们成功地驾驭了这个庞大而抽象的词语，并使其在广度上得到扩展，在厚度上得以延伸。

孝老爱亲，已经不仅仅是一个家族的灵魂，它成了雄安土地上一种精神的缩影，并完成了华丽的转身。

嘉言善行

飞驰的汽艇穿梭在茂密的芦苇荡里，后面拖出长长的一条浪花，就像一条左右摇摆的白色的尾巴。

驾驶员是一位五十多岁的汉子，他熟练地掌握着汽艇的方向，兴奋之时，还扯开嗓子吼上两句渔船号子。

一日看尽白洋淀

因为这次采访，我们有幸穿越了一次芦苇荡；也因为这次采访，我们进入了白洋淀的心里。

走进白洋淀心里，就是从这名驾驶员开始的。

汽艇在淀内转过几个弯之后，我们就迷失了方向，然而他却显得轻车熟路。不是因为在这里待久了就对所有的路了如指掌，更多的时候，凭的是感觉。

山河来天地，人物变古今。

是的，“感觉”。这个词用得好。可意会不可言传的感觉，无形之中给白洋淀披上了一层神秘的面纱。

宏观的白洋淀是神秘的，微观的白洋淀同样是神秘的：一个淀一个故事，一个村一段传奇。这些，构建起白洋淀错综复杂却又脉络清晰的历史。

白洋淀东北部，有两个地相连、水相通的大淀，远远望去，就像一副大眼镜，附近渔民都叫它“双湾”。

很久以前，在双湾正西的郭里口村，有一对青年男女。男名邓春，女叫王燕。这对年轻人自幼一起长大，青梅竹马。村里人都说，他俩是天生一对，地造一双。两家老人，对他俩的亲密无间，也看在眼里，喜在心上。

白洋淀荷塘

后来，俩人渐渐长大懂事，从童心不舍变成了互爱之情。俩人时常偷偷划船，去淀上谈心。

白洋淀人有唱渔歌的习惯，无论在船上，在荷塘，还是在苇荡，你总能听到优美、动听的渔歌。

这天中午，二人趁歇晌，划船去往双湾。

邓春一边划船一边唱道："淀水清哟淀水蓝，妹坐前舱哥摇船。要问船儿哪里去哟，划着妹妹去双湾。"

王燕听罢，心头一热，红着脸应声唱道："淀水蓝哟淀水清，妹唱渔歌给哥听。我俩好比双飞鸟哟，妹愿伴哥走西东。"

一对年轻人又唱又笑，船到双湾后，找到一片遮凉苇荡，便驻了船。

邓春顺手揪了两把苇叶，给了王燕一把，然后二人对望着，坐在船上谁也不说话。

王燕手拿苇叶，编着花篮，邓春则用苇叶卷了个苇笛，吹起来。

这时王燕憋不住了，抬头说："春哥，你再给我唱支渔歌吧！"

邓春却说："我唱得不好听，还是你唱吧。"

王燕假装生气，用拳头打着邓春的背说："就要你唱，就要你唱！"

邓春笑道："哎哟，别打了，我唱还不行嘛！"

白洋淀芦苇

“这还差不多！”王燕也笑了。

邓春深情地看了王燕一眼，见她也含情脉脉地看着自己，便高兴地唱起来：“哥我是条打鱼汉，妹是水中一红莲。有心把莲采回家哟，伤了妹妹我心不安。”

王燕接唱道：“岸上芦苇根连根，妹妹懂哥一片心。妹是莲花哥是藕哟，哥妹永世不离分。”

邓春听罢，猛然将王燕紧紧抱住。王燕羞涩而顺从地依偎在邓春的怀里。

正在这时，苇丛里钻出一只船。只听船上人唱道：“大鱼追着小鱼走，追妹过了郭里口。王妹长得惹人爱哟，扭过头来让哥瞅。哈！王妹子，你怎跑到这里偷男人？那就先偷我吧。”

王燕扭头一看，原来是渔霸的儿子孙泥鳅。这小子早对王燕垂涎三尺，不怀好意。

王燕一见是他，不由气往上撞，气愤地唱道：“雨打荷叶风吹柳，淀上怎来了一条狗？癞蛤蟆想吃天鹅肉，我说春哥呀，替我用竹篙打他走！”

这时，邓春早气得咬牙切齿。听到燕妹说后，立刻把船划了过去，抡起竹篙，一下就把孙泥鳅打入水中，然后又用篙狠狠戳了几下。

孙泥鳅成了落水狗，爬上船狼狈逃窜，一边划船一边恶狠狠地说：“你们等着瞧！”

果然，第二天渔霸托媒人来王家提亲，并放出话来，若不答应亲事，全村人谁也不许去淀里捕鱼。

映日荷花

王家二老左右为难，也不能为了闺女让全村人受连累，实在没办法，只好答应。王燕知道后，肝肠寸断，当晚约邓春去双湾商量对策。

两人到了双湾，在船上抱头痛哭。最后，王燕说："春哥，我这一辈子是非你不嫁！"邓春也感激地说："燕妹，我誓死非你不娶！"说完，两人用绳子捆在一起，哭着，抱着，投河自尽了。

不久，在二人投河的地方，长出了一支并蒂莲花……

"清晨驾小船，手持钓鱼竿，太公甩神手，鲤鱼往上翻，闲来把酒醉，赛过活神仙。"渔歌唱罢，一只小船驶进淀口。在淀边泊好船，老汉右手拿过钓鱼竿，左手掏出酒瓶，边喝酒边钓起鱼来。

这时，又一只小船划进来。船上老汉一边甩鱼钩，一边冲钓鱼老汉叫道："胡大哥，来得好早哇？哈，又喝上了！"

"姓孟的，你就使劲叫唤吧！吓跑了鱼，我可找你算账！"胡老汉生气地说。

"你找我算账？那我先找你算酒账吧！"孟老汉边说边靠近船，伸手夺过酒瓶："你先钓会儿鱼，我来替你喝两口。"

俩老汉，一个是住东淀的孟老汉，一个是住西淀的胡老汉。俩人从小要好，经常相互取笑打闹。

他们边喝边聊天，忽见鱼竿颤动，胡老汉笑道："鱼上钩了！"

他慢慢收拢鱼竿，发觉越拉越沉，忙叫孟老汉："快过来，是条大鱼！"

等鱼钩出了水面，他们才发现钓到的根本不是鱼，而是一个蓝色小包袱。

借水的浮力，他们把包袱拉近，然后用力提上船来。打开一看，愣了！包袱里竟是两块精致的条石。

条石呈墨绿色，石面光滑无比，一面均刻有"镇淀石"字样，另一面分别刻有"东""西"两字。

二人鱼也不钓了，酒也不喝了，每人拿着一块条石边看边琢磨。

这到底是怎么回事？"镇淀"又是什么意思？为什么让我们钓上来了呢？想来想去二人判定，镇淀的只能是龙，它有意让人得到，为的是在人间享用烟火。

想到这，他俩各拿一块条石回村征求乡亲们的意见。

村里老人们说："这是淀龙王对咱东、西两村的看重。如我们诚心供奉它的话，咱白洋淀百姓便会风调雨顺……"

消息不胫而走，越传越玄：有的说捞到金条了，有的说捞到无价之宝了。

得宝的消息传到了水贼那里。水贼们几次进村强讨，都被乡亲们赶跑了。

后来，俩老汉商量，不能连累乡亲们，就带着条石躲进了淀里。谁料，水贼闻讯追来，把俩老汉团团围住，非逼着他们交出宝贝不可。

二老推说条石已经丢失，可水贼们就是不信，扬言不给就杀二老全家。到后来，二老实在没有别的办法，只好抱着条石跳河自尽。

水贼们疯了，争先恐后跳水打捞。

忽然狂风骤起，黑云压顶，电闪雷鸣，恶浪滚滚，瓢泼大雨倾盆而下，贼船尽被冲翻。一直到水贼们个个被淹死，风雨才停。

事后，渔民们为纪念胡、孟俩老汉，就把这两个淀分别定名为胡家淀和孟家淀。

雄县自古就是燕南赵北的军事重地、南北通衢的交通要道。

县城往南，过了坛台村，眼前是一条又高又宽的大道，这就是北京通南京的交通驿路。由此向西南望，是白洋淀边一望无际的荒野，当地人称其为千亩方。

在千亩方里，静静地躺着一块四四方方的大青石。它是做什么用的，没人知道，从哪里来，也没人知道，老人们只知道它叫青石山。

白洋淀青石山正东有个小村叫王家房。这里紧临白洋淀，地势低洼，十年九涝，人们种的庄稼往往颗粒无收。因此，这里的人们家家种上几亩苘。苘不怕水，收获了在水里沤成麻，纺成"经子"，做成一种叫"钱串"的细麻绳。到了冬天，家家户户担着钱串去京城一带变卖。

话说明朝万历年间，王家房有个叫王大柱的青年，和村里人一起到京城卖钱串。

由于年轻，又是第一次做买卖，大柱快到年底了才卖完钱串。同村的早都回去了，大柱

倩影

赶紧把褡裢往肩上一搭，手拿着扁担急急忙忙往家赶。

冬日昼短，天早早地就黑了。大柱急着往家走，又渴又累又饿，想在道边歇会儿。刚坐下，猛一抬头，朦胧中看到一座宅院，大柱想，或许那是户人家吧，先去讨口水喝再说。

大柱叫门，开门的是一位仆人模样的人。大柱说明来意，仆人很客气地把他让了进去。

这时，一位气宇不凡、仪表堂堂的中年男子从内堂走了出来。一听大柱的口音，他马上问大柱是哪里人。大柱说："我是直隶雄县人。"

那人惊喜地说："真的？我们是老乡呀。我也是雄县人。"于是让人下去准备酒饭。

看到大柱一脸茫然，中年男子笑着说自己姓白，多年前来这里做生意，很长时间没回家了，家里还有年迈的父母和一大群兄弟姐妹，想托大柱给家里捎封信。大柱听后爽快地答应了。

酒足饭饱，大柱又美美地睡了一觉。

第二天一大早，中年人把写好的信交给大柱，并嘱咐他找到一个叫青石山的地方，把信交给一位姓白的老者。

青石山在哪儿大柱不知道，他心想回家问问老人们再说吧。

到雄县时，已经是年三十傍晚，家家挂起了灯笼，贴上了对联。想到家里人，大柱更是着急万分。

刚一出坛台，天就完全黑了，路上已经没了行人。天越来越黑，伸手不见五指，熟悉的道路变得陌生起来，他只能摸索着往前走。

孤舟

正不知所措时，大柱突然看到前边有点点灯光隐隐闪烁，这下可把他乐坏了，以为到了村边。

他赶紧上前，借着灯光一看，原来是一座大宅院。黑漆的大门两旁挂着两盏大灯笼，上面写着一个大大的“白”字。

再看门两边的柱子上贴着一副对联，上联“燕南赵北人杰地”，下联“雄关屏翠富贵家”。

抬头一看，门上一块黑漆大匾写着“青石白府”四个金字。

这难道就是捎信先生的老家青石山吗？

大柱叫门一问，才知道这果然是青石山。

他把捎信的事一说，仆人大惊：“莫非是大公子有消息了？”赶快吩咐人请老爷和老夫人来客厅。

一会儿工夫，一群丫鬟簇拥着两位鹤发童颜的老者来到客厅。大柱从褡裢里拿出信，老者接过来打开一看，颤抖着双手老泪纵横，嘴里不断地说：“这下可好了，孩子终于逃出了这场劫难，终于有消息了。”一旁的家人也都喜极而泣。

老者对大柱千恩万谢，得知大柱是王家房人时更是喜出望外，于是让仆人提着灯笼送他到路口。

临别时，老者从怀里掏出一把黄豆放在大柱手里，并让他好好收藏，以示感谢。

大柱是个实在人，也没多想就把豆子放在褡裢里。

回家后，大柱就把路上遇到的事情一五一十地说给媳妇听，媳妇也感到蹊跷，忙问那豆子在哪儿。

大柱把褡裢拿到灯下一看，除了自己的东西豆子全不见了。原来褡裢角上磨出了一个洞，豆子已经顺着洞掉了出去。再仔细找，由于褡裢是粗布做的很厚实，中间还夹着一颗豆子。大柱拿出来一看，顿时大惊，原来是一颗璀璨的金珠子。

夫妻俩也顾不上包饺子了，赶紧打着灯笼往回找。他们顺原路找了一夜，一直找到千亩方也没再看到金珠子。白府也消失了，只有一块方方正正的大青石，静静地躺在那里……

小金淀位于白洋淀圈头乡大田庄村西北方向。

相传久远的一年，一位自河南而来进京赶考的举人，途经白洋淀。这天，大田庄村一位憨厚的老船工在淀南渡口等客，举人便上了他的船。

二人一路上攀谈起来，不觉船行至一个小淀。

举人抬头望去，但见满淀荷花盛开，香气袭人。东侧的村庄有垂柳环绕，小淀四周的芦苇郁郁葱葱。微风拂过，水面上波光粼粼，芦苇轻轻摇曳，似点头迎客。美景很是吸引人。

举人看到这样的美景，顿觉心旷神怡，连忙脱衣解带，欲在淀内洗去旅途风尘。

也许是太高兴的缘故，举人脱衣时，不慎将外袍内所带的一锭金子掉入水中。举人连声叹息。

老船工得知后，一边安慰，一边下水去寻找金锭。

不知是淀底淤泥太厚，还是水草茂盛的缘故，老船工连扎了几十个猛子，还是一无所获。

收获与希望

举人见状连说："算了，算了，不必再捞了。"

老船工也觉得太累了，只好作罢。

随后，他从船的后梢找了半块砖，绑上绳子后抛入水中。之后，他又将绳子的上端系上一块木板以做标记，并告之举人，待我日后捞上来了，一定送还。

老船工将举人送上岸，二人拱手道别。

举人以为老船工只是说说而已，也未挂在心上，便赶考去了。谁知老船工从此不再揽客，每日里只捞那金锭。

功夫不负有心人。一天，老船工终于将那金锭捞了上来。

老船工每日在渡口等着举人，但始终不能遇见。原来，举人早已考中贡士赴任去了。

光阴似箭，一晃三年过去了，又是一个科考年。

这天，赴京赶考的举人的同乡，来到白洋淀观光。在渡口听说老船工三年如一日在此等候失金之人，赶考回乡之后，将此事说与乡里。

有人说，某举人有一年曾提及此事。一传十，十传百。

一日，举人听说此事后，便急忙赶到白洋淀南渡口。

举人与老船工见面后，老船工赶忙将金锭还给他，并说道："我在此等了你三年多，今天总算一块石头落了地。"

举人见状，感动不已：没想到白洋淀上的老船工品德如此高尚，为一锭小金竟等候我三年，真叫人感动，实为旷古罕闻……

善无大小，为之即善。善事无类，行之即善。

故事也好，传说也罢。已经过去的时光，就像我们随处可见的阳光，在我们身边，我们却并不关注，就像这散落在雄安新区角角落落里的朴实人们的善一样。

在他们心中，永远生长着一棵挂满了善良、勤劳和期盼美好未来"果实"的希望之树……

正是因为这如碎片一样的善行的存在，才一点点拼接成一个地域浑厚的历史，最终成为一种无处不在的文明，继而影响和左右着繁衍生息在这里的人们，向着幸福和美好前行。

醉美夕阳

善之雅：诗情画意满雄安

雄安之善，善在朴实的民风，善在善良的人民。

而这些，或许生活在这里的人们并没有体会到——在他们看来，这就是最简单的生活内容。可是，这种简单和朴实，却被艺术的“眼睛”捕捉。这些简单和朴实被捕捉后进行了放大，于是，所有的善升华成一种艺术的美。

对国人而言，你可能不知道安新县，但你很可能知道白洋淀。

提起白洋淀，大多数人最直观的印象是孙犁笔下纯真、唯美的《荷花淀》，是徐光耀笔下那个嘎里嘎气的愣小子，是芦苇荡中神出鬼没的雁翎队……

自古及今，但凡山清水秀的地方，总少不了文人墨客的造访。

古往今来，有多少著名的作家、诗人，为白洋淀的魅力，巡游名胜、昂首歌唱！数千年间，有多少杰出的文豪，为白洋淀的风姿，谱尽华章！

一片容纳四海的水域，养育了一辈又一辈尚善向善的人，也养育了一代又一代舞文弄墨的文人，使得白洋淀荷香四溢，充满诗情画意……

美善荷风

提起白洋淀，自然绕不开孙犁这位优秀的作家。也正因为孙犁，才成就了中国现代文学史上著名的“荷花淀派”。

孙犁对白洋淀可谓情有独钟，自 1936 年来到安新县同口镇，他就对白洋淀产生了深深的感情。他的很多作品都以荷香四溢、宁静清远的白洋淀为背景，写出了一个个可歌可泣的英雄故事。

> 那一望无边际的密密层层的大荷叶，迎着阳光舒展开，就像铜墙铁壁一样。粉色荷花箭高高地挺出来，是监视白洋淀的哨兵吧！

这是《荷花淀》中的景物描写，孙犁用寥寥数笔就把白洋淀勾画了出来。“铜墙铁壁一样”“监视白洋淀的哨兵”，形象的比喻和拟人，不禁让人联想到了抗战防线的坚固，对白洋淀儿女的敬佩之情也油然而生。

《荷花淀》中，孙犁刻画了一群明大义、识大体的女性形象。水生嫂就是这个群体的代表，她勤劳、善良、质朴、勇敢，她爱丈夫，爱家乡，爱祖国。

在日寇入侵、国难当头之际，她积极支持丈夫参军，并带领村里的妇女组织抗日队伍，投身到保卫祖国、保卫家乡的抗战中，展现了白洋淀

接天连叶

孙犁

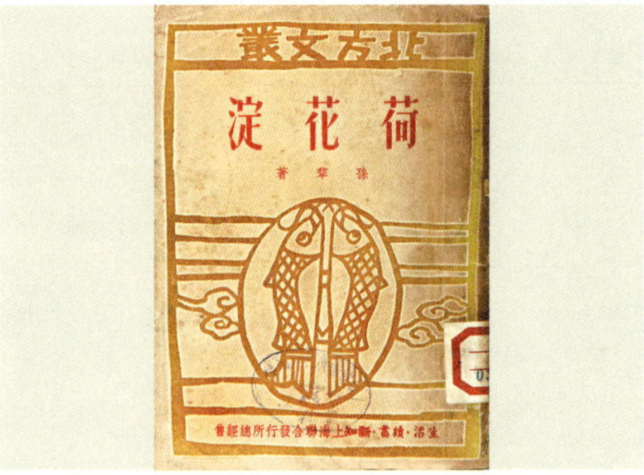

1949年8月出版的《荷花淀》

儿女家国天下的精神境界和高尚的思想觉悟。

“你有什么话嘱咐我吧！”

“没有什么话了，我走了，你要不断进步，识字，生产。”

“嗯。”

“什么事也不要落在别人后面！”

“嗯，还有什么？”

“不要叫敌人汉奸捉活的。捉住了要和他拼命。”

那最重要的一句，女人流着眼泪答应了他。

这是《荷花淀》中感人的一幕。“夫妻话别”道出的是无数白洋淀儿女的辛酸，也展现了白洋淀儿女明大义、识大体、惩大恶、扬大善的美好品质。

“不要叫敌人汉奸捉活的。捉住了要和他拼命。”这不仅是水生对妻子的嘱托，更是白洋淀儿女的宣誓。不能被敌人捉住，捉住了要和他们拼命，我们要誓死保卫祖国、保卫家乡！

“夫妻话别”的深情打动着读者，白洋淀女儿的可爱更动人心弦。

“你看说走就走了。”

“可慌哩（高兴的意思），比什么也慌，比过新年，娶新——也没见他这么慌过！”

“拴马桩也不顶事了。”

“不行了，脱了缰了！”

“一到军队里，他一准得忘了家里的人。”

几个女人冒险赶去看自己的丈夫却未能见上一面，归途中难免有些愤愤。

一个“慌”字，写出了男子投身战场的勇敢与热情，更写出了青年妇女们渴望加入保家卫国战争的火热的心。而在说到“娶新”二字时，却唤起了女儿的娇羞，灵机一动，忙把“媳妇”二字省了去。这一段传神的描写将一个活泼可爱的

去苇皮

织席

女性形象刻画得淋漓尽致。

孙犁笔下的白洋淀人民有着最光彩的品质，他们热爱劳动、勤于生产，意志坚强、不怕牺牲，明大义、识大体，爱国爱家、奋勇抗敌。孙犁热情地歌颂着人性的善与美，也将这人性的善与美融入了自己的作品中，为未来注入了光明和希望！

> 这女人编着席。不久在她的身子下面，就编成了一大片。她像坐在一片洁白的雪地上，也像坐在一片洁白的云彩上。她有时望望淀里，淀里也是一片银白世界。水面笼起一层薄薄透明的雾，风吹过来，带着新鲜的荷叶荷花香。

没有到过白洋淀、没有看过白洋淀女人织席的人是绝不会写出这么生动细腻的文字的。孙犁看到了，于是他把白洋淀女人的勤劳、善良、纯朴生动形象地写入了文章中。

读这样的文章，我们就像看到了白洋淀中洗干净了的苇眉，干净利索、清新疏朗，散发着潮润润的水气，宛如一幅淡淡的水墨画，弥漫着浓郁的诗意。

白洋淀始终是孙犁魂牵梦萦的地方，这里给了他无数的创作题材，使他感受到了冀中农民身上的真善美。正是白洋淀儿女的这种品质，这种真善美，打动着每一个读者。孙犁通过这一个个鲜活的人物形象，将这种真善美传播、延展，让人们世代相袭。

与孙犁同样有着深厚白洋淀情结的作家中，徐光耀也是不能绕开的一位。他笔下那个嘎里嘎气的愣小子，不仅成为文学上和银幕上的经典，更让我们从人物的故事中，感受到一种别样的真善美。

抗日战争时期，冀中白洋淀有个男孩儿叫张嘎。他的爹娘已经不在人世，和奶奶相依为命。在侵华日军的一次突然袭击中，奶奶为保护老钟叔惨死在敌人的枪口下。当邻居老纹银

徐光耀

《小兵张嘎》书影

白洋淀景区的小兵张嘎雕像

爷爷让嘎子和他一起生活时，嘎子却悄悄地走了。他要去县城寻找八路军，为奶奶报仇，救出老钟叔。

他怀着报仇的决心，找到了区队，并在区队当了一名小侦察员。

他喜欢侦查工作。除此之外，他还喜欢打弹弓。可他最喜欢的还是枪。嘎子的理想都已实现：区队已经将白洋淀地区敌人的最后一个炮楼拔掉，他所深切痛恨的日本队长龟田已被消灭，替奶奶报了大仇，救出了老钟叔；他得到了一支期盼已久的手枪，区队长也正式宣布他已是真正的小侦察员。但是，他知道，日本帝国主义还没有完全被打倒，所以最后他将心爱的木头手枪送给胖墩的时候，还嘱咐胖墩："你也得用它缴获一个真家伙！"

他希望更多的人参与到抗战中来……

无论是孙犁的《荷花淀》、徐光耀的《小兵张嘎》，还是其他艺术家的优秀作品，它们关于雄安新区的一个共同主题就是——真、善、美。

这不是一种巧合。

因为我们坚信，当真善美在雄安新区无处不有、无处不在时，每一位有着良知的艺术家都会为之感动。

诗情渔歌

循着历史的印痕，让我们再把目光从孙犁、徐光耀的身上移到20世纪60年代，感受那个特殊岁月里的诗情洋溢，听听渔歌唱晚。

1968年12月，毛泽东主席发出"知识青年到农村去"的号召。1969年前后，一批充满青春朝气的热血青年，从北京来到了白洋淀。

自1969—1978年十年间，芒克、根子、多多、林莽、甘铁生、方含、宁润平、赵哲等在白洋淀插队期间写下了诗篇，他们的创作直接促进了后

白洋淀诗群部分诗人作品

来朦胧诗的兴起。

1974 年，芒克在白洋淀写下这样的诗句：

最好
在一个荒芜的地方安顿
我的生活
那时
我将欢迎所有的庄稼来到
我的田野

现在看来，诗人宛若一个预言家啊——不是吗？雄安新区的“荒芜”成了优势，正欢迎着“所有的庄稼”的“来到”，更期待五谷丰登。

没有管理干部的约束，少了些每日必做的政治功课，他们的心灵和思想在这里得到了前所未有的释放。他们散居在不同的公社和村庄，与朴实的渔民、农民同吃、同住、同劳动，俨然成为村民家庭里的一员。

淳朴的民风、善良朴实的人性和对知识的崇敬让农民为知青营造了一个温暖、平等、和谐的家园。除了村子之间知青们的互相交流，除了阅读那仅有的几本书籍，几乎没有别的文化生活，可他们的思想和心灵需要一个出口，诗歌成为他

归舟

梦之网

们唯一的选择。

白洋淀的水乡特色，使知青们的心灵暂时得以休憩。

虽然生活困窘、心灵压抑，但美丽的白洋淀、友善的人们、淳朴的民风，使知青们找到了抒发感情的渠道。他们聚集在白洋淀，以诗歌的形式表达对心灵自由和美好生活的渴望。

普普通通的白洋淀之水，容纳了圣灵万物，也容纳了一个个渴望被抚慰的灵魂。

其实，美丽的白洋淀除了将它的博大和无私赐予有知识的人，同时也赋予了穷苦大众智慧上的灵光——在爱的施与上，白洋淀从来没有顾此失彼，也不会嫌贫爱富。

这里是白洋淀一个普普通通的小渔村——李庄子。

1922年，渔民诗人李永鸿就出生在李庄子一个贫苦家庭里。祖上三代不识字，他也只读过两个月的书。

抗日战争全面爆发后，中国共产党在村里成立青年抗日先锋队，办起了识字班，李永鸿成了第一批学员。

夜校条件差，自制的黑板、一盏吊在房梁上的马灯，教材呢，是最基础的识字课本。

李永鸿天资聪颖，很快就学会了数百字。

他自幼喜欢唱民歌小调，打鱼的生涯又让他学会了一些渔民号子。

水乡民间文学的熏陶，使他才华渐增。

他先是在识字班上编几句抗日除奸的快板给人家演唱，后来无论下淀打鱼，还是村里开会，他都随身携带几样宝贝：一副快板，一个硬纸做的小喇叭筒，一个用废纸装订的皱皱巴巴的小本，一支短短的铅笔头。

看到新鲜事，听到上级传达的打胜仗的消息，他就编上几句顺口溜和快板书，配合党的中心工作，表达他跟党走的决心。

进入20世纪50年代，李永鸿热情地歌颂新社会，歌颂新生活。

他成了一名“义务宣传员”，走到哪儿说到哪儿。会场上、戏台上、劳动工地、抗洪前线，到处都有他的身影。

那段时间，为了宣传党的政策，他不辞劳苦、废寝忘食地写诗。为了写诗，他到了如痴如醉的地步，为了推敲几句诗有时熬上大半宿；有时吃着饭，突然放下碗筷，手做着打竹板儿的动作，嘴里念念叨叨……

李永鸿的诗感情真挚、通俗易懂，又略带几分风趣，加上他的诗贴近生活，有着浓浓的白洋淀水乡味儿，深受群众喜爱，因而在白洋淀有着广泛的基础。

后来，李永鸿的诗在报纸发表，又相继被转载。渐渐的，他的名字走出了白洋淀，走出了安新县，走出了保定地区，走出了河北省，走进了北京城。“渔民诗人”的名字叫响了！

李永鸿所走的文学创作之路，凝聚了他对旧社会的痛恨，对新中国的热爱。从用文字代替符号，再到拿起笔来创作，他比常人付出了更为艰辛的努力。

试想，若不是亲身经历了旧社会的苦难，怎么能写出“渔民苦，渔民苦，黄连蒲根一起煮”这种形象生动的诗句？若不是亲身体会到新社会的甜和党的恩情，又怎么会写出“渔歌唱到天安门，金光照亮渔民心。天安门上升太阳，毛主席关心咱打鱼人”这样深情的渔歌？

善之纯：矢志不渝家国情

善无大小，又有大小。

如果说，小善呈现着人性上的本真至纯至美，那么大善就洋溢着言不尽的家国情怀。

从历史中一路走来的雄安，小善让她有了美丽的翅膀，大善则让她生出健壮的身躯。

一个人的家国情怀，乃大善也，其情如陈酿，醇厚浓郁，芳香四溢。

国难当头之际，生活在这里的人们，用智慧、用生命诠释着什么是大善大德。大善至上，筑起家国情怀的冲天丰碑！

新区建设之时，生活在这里的人们，将会永葆家国情怀，用新时代的善行，担当起新的重任，做出新的贡献！

中国近代史是一部苦难史，列强发动的多次大规模侵华战争，使中华民族陷入了苦难深重和极度屈辱的深渊。

然而，中华儿女从来不缺少应对灾难的胆识、勇气和智慧。

翻开历史的卷宗，民族史上那段以惨烈开端、以伤痕告终的战争恍如昨日，我们不曾忘却的，还有那些在烽火岁月中，与国家命运紧密相连的诸多作为个体的人。他们舍小家为大家，舍命保家卫国的高尚品格，何尝不是一种值得铭记和弘扬的大善。

从遥远历史走来的雄安，她的善行不仅牢牢地镌刻在“过去”这部大典之中，而且一辈又一辈人在今天做着最生动的、最细腻的诠释。

那是怀揣着历史一路走来的责任，那是“心本善良”的驱使，那也是镶嵌在他们骨子里的一种精神、一种品格，进而衍生出的一种文化、一种力量。

历史如此，现在如此，未来亦将如此……

兼善天下

在雄安这片红色的土地之上，自然不乏永葆家国情怀的仁人志士。

陈子正1878年出生于雄县李林庄村。他禀性沉稳内向，身材健硕，行动敏捷。幼时与村童相搏即以巧胜，甚而以寡敌众。其舅父刘成有看到后，十分惊奇地说："传我技者，此子也。"于是收子正为弟子。

刘成有是河北雄县孤庄头村人，其软硬功夫皆精，实为武术大家，时人誉之为"江北刘"。

陈子正自随舅父刘成有学技以来，牢记师教，勤学苦练。几年后，其师就难以击败他了。

陈子正遵照其师刘成有的教诲，将所学技艺用于健身强体。他从事武术活动二十多年，足迹踏遍祖国各地，桃李满天下。

1919年，上海精武体育总会及上海名流陈公哲、卢炜昌、姚蟾伯等人函电相请陈子正于上海精武体育总会任教。陈子正为普及武术，辞北南行。中国公学、圣约翰大学等校也往聘请教。

1921年，香港精武会致函上海精武体育总会，聘请教授。上海精武体育总会认为香港拳师不乏名家，但为了总会的声望，只能派德高望重的陈子正担此重任。陈子正毅然前往，执教于香港精武会、香港大学、圣士提反、皇仁书院、孔圣会等地。历时三载，全埠武术遂成风气。

陈子正不仅武艺精湛，更是一位爱国爱民的武术家。

陈子正

1900年，也就是清光绪二十六年，八国联军入侵我国，义和团奋力抵抗。

当时保定一带的清军不但不积极抵抗外敌，反而把屠刀对准了义军将士。用洋枪洋炮武装起来的清军，发兵攻打板门镇，沿途烧杀抢掠，侮辱妇女，无恶不作。李林庄村义和团在陈纪云的统领下，在李林庄村、孤庄头村的交接道口截击清军，但终因寡不敌众，遭到惨败，陈安宝、王柄胜等十几位义士战死。

危急时刻，陈子正挺身而出，率领全村壮年，一面匿老少、避妇弱，一面掩护义军撤入李林庄村张家大院。然后，他紧闭院门，带领壮勇、义

陈子正侄徒陈国庆先生（左，已故）及
陈正耀（中）、陈桂学（右）

陈正耀2008年在首都体育学院讲学时与学生合影

陈桂学举办的鹰爪翻子拳少年班

鹰爪翻子拳传承人陈承禹

军登上房顶，居高临下击退了清军的多次进攻。

这时，有三个清兵从西房外偷袭开枪，有两名义军倒下。陈子正急中生智，扔掉短兵器，扒下房檐三块砖向清军掷去。三个清兵应声而倒。

经过几个小时的苦战，清兵终于败逃。陈子正又率众追杀，乡里百姓安然得保。

民国初年，陈子正家乡常有盗贼出没。陈子正经常只身一人，驱邪除恶，保护乡里。

1913 年农历八月的一个深夜，胡台豪绅郭锡九的五个爪牙手持撅把手枪、大刀等兵器在李林庄村进行抢掠。陈子正闻讯而去，怒喝杀贼，贼人怯逃。陈子正紧追不舍，追至村西头大坑时，贼人见只有陈子正一人，便围攻猛扑。

陈子正赤手空拳，闪展腾挪，使贼人无从下手。这时，陈子正蹿到一棵柳树前，利用胳膊夹住树干，猛一用劲儿竟将一棵直径三寸的柳树拔了起来。于是，他手持柳树，先将拿枪的打倒，然后反把横扫，打倒了左右两边的贼人，五个贼人带伤向芦苇地逃去。

从此，贼人再也不敢来村抢掠。

1915 年，陈子正在北平模范军团北平护城旅任教官。不久，因不耻袁世凯窃国，他离京北上，并拒绝了晋绥军副总司令的再三挽留，弃官而去。

当时，这一义举受到黑龙江省立一中、省立师范学校师生的尊敬，爱国人士刘风池率领千余名师生浩浩荡荡地迎接他于二十里外。

1916年冬，陈子正南旋至北平，陆军部闻其名欲委以陆军训练总监、武术教练所总教官之职。陈子正拒绝，仍返回黑龙江。民国时期，其弟子刘致祥在吴佩孚军队里任武术教官，当陈子正看清吴大帅原来也是窃国军阀时，便令刘致祥辞去教官一职。

1927年，为支持北伐革命军，陈子正将其弟子刘法孟等四十多人派往黄埔军校及几支军队中任教官。

1930年冬，家乡土匪蜂起，官方对此也无可奈何，陈子正返回故里，组织百姓，修建墙垣，治安自卫。这时，虽然连连接到上海精武体育总会及香港、北平、汉口等地精武会的特邀，他都迟迟未行。他的意思很明确,待家乡民众安乐后，再专心献身于国术界。

抗日战争爆发后，冀中因人口密集、物产丰富，成了日本人眼中的肥肉。

1937年日本发动卢沟桥事变以后，容城县就处于一片混乱之中。侵华日军扶持了伪政府，土匪和一些地方武装各霸一方，枪炮声时常响起，“扫荡”的事情隔三岔五就会发生。

凶残的日本人进村后，见好东西就抢，拿不动的就打烂，打不烂的就撒泡尿。他们见妇女就强奸，连小孩子也不放过……

雁翎队纪念馆展示的吕正操照片

1938年，八路军冀中军区司令员吕正操将各方武装收编，并组织了工、农、妇、青、武五委会，发动群众共同抗日。

1940年，容城县及区、村的党、政、群等组织普遍建立，开展了宪政运动，实行了减租减息、合理负担的政策，广大妇女、儿童站岗放哨，青壮年纷纷参军参战，抗日洪流滚滚向前。

1941年5月,侵华日军又一轮大“扫荡”后，在冀中到处修炮楼、修公路，他们拿着枪逼着中国老百姓帮他们做事。青委会的年轻人有很多被抓去修工事。他们白天给日本人做事，到晚上就带着大伙儿把刚修好的路挖断，把刚竖起的电线杆拔掉，把刚修起的碉堡毁掉……

1942年，侵华日军组织五万人企图歼灭八

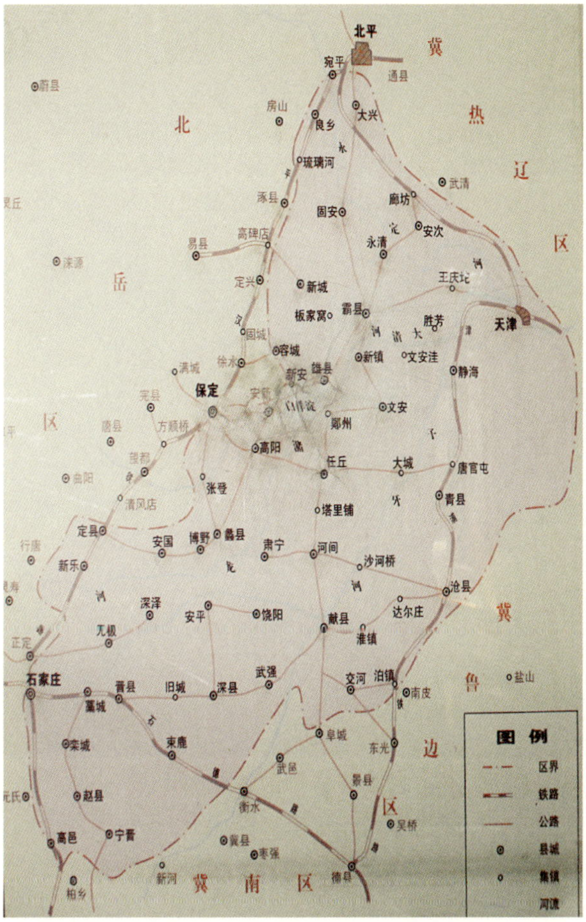

雁翎队纪念馆展示的抗日战争时期冀中区略图

北后台烈士陵园纪念碑

北后台烈士陵园

狼牙山五壮士中的胡德林、胡福才在容城的纪念碑

路军吕正操的主力部队。日军上有飞机掩护，下有坦克助战，气势汹汹。

因敌我双方力量悬殊，八路军只能在群众的支持下开展游击战争，找准时机打击敌人。

那时，老百姓对八路军的支持巨大。老百姓不仅实行“坚壁清野”策略，还积极配合八路军打游击，分割、消灭日本侵略军。侵华日军陷入了人民战争的汪洋大海，他们虽然武器先进、装备优良、力量强大，但也惶惶不可终日。

在抗战期间，容城县不仅有狼牙山五壮士中的胡德林、胡福才这样的著名革命英雄，还有萧淑桂、刘大娟、臧大便、段志清、金木山等为抗战做出很大贡献的英雄模范人物。

他们用鲜血和生命捍卫着民族的尊严，这种无私无畏的大善让我们看到了中华儿女的坚强气魄。我们回报他们的，除了那高高耸立、不需要华丽修饰的纪念碑，还有那善行义举的接力。

提及抗日，不能不提活跃在白洋淀的雁翎队。

这支神出鬼没、来无影去无踪的队伍，从1939年成立到1945年配合主力部队解放安新城，由三十多人发展到一百多人。他们利用冰上、水上优势，与敌人交战七十余次，仅牺牲八人，却击毙、俘获了日伪军八百多人……

白洋淀雁翎队成立于1939年秋，当时，日

白洋淀雁翎队纪念馆

白洋淀雁翎队

雁翎队使用的船只

本侵略军占领了安新城。为强化统治，奴役白洋淀人民，驻安新的日酋龟本以“献铜、献铁”为名，强迫水区猎户交出猎枪和大抬杆等武器。

为揭露敌人收缴猎枪的阴谋，县委、县政府负责同志在大张庄召集郭里口、王家寨一带水村猎户，动员他们组织起来抗击日本侵略者。会后，猎人孙革、姜秃、赵保亮和邓如意等二十人组织起来参加了三区小队。

这些战士多来自打猎世家，颇为熟悉猎枪性能。他们为了防止猎枪膛内的火药受潮，经常在火眼上插上一支雁翎。也由于他们以往围雁打猎形成的习惯，装载大抬杆的小船在淀面上行驶多呈“人”字形，如雁群在空中飞翔，故该班就成了三区小队的雁翎班。

1940 年夏，经县委批准，雁翎班从三区小队中分出，单独成立雁翎队。不久，队伍扩大到四十余人，分为三个班。

雁翎队成立后增添了一只四舱船，二十八只排子船，武器仍以大抬杆为主。这样白洋淀就有了两支水上游击队——三区小队和雁翎队。当时，人们统称这两支部队为“雁翎队”。

雁翎队在白洋淀活跃的几年里，他们时而化装成渔民，巧端敌人岗楼；时而出没在敌人运送物资的航线上，截获敌人的军火物资；时而深入

雁翎队使用的大抬杆

敌人的心脏，为民除掉通敌的汉奸；时而头顶荷叶，嘴衔苇管，隐蔽在芦苇丛中，伏击敌人的包运船……

七十多年前让日寇闻风丧胆的雁翎队的故事已然成为一段历史的印记。

七十多年的时间，可以冲刷掉许多记忆，但冲刷不掉我们伟大民族的那场苦难和辉煌，以及在苦难和辉煌中锻造的值得代代珍惜、代代承接的民族精神和光荣传统。

雄县古庄头村已经九十多岁的赵德斌，曾经数次和雁翎队并肩而战。为了把雁翎队的故事和精神告诉后人，这位老人用二十一年的时间撰写了六本白洋淀抗日回忆录，期望白洋淀的故事和抗日精神能够代代相传。

雄县古庄头村在1938年就成了抗日根据地。那时不过十四五岁的赵德斌，目睹了日军的暴行后，就一心想打日本侵略者。

1943年，赵德斌作为民兵队长参加了著名的“打包运船”战斗。

包运船上面装着日军的军用物资。当时，平汉铁路被八路军切断，日军只能通过白洋淀的水路运送物资。

1943年秋，抗日政府下决心伏击敌人的包

雁翎队作战情景剧

运船。

战斗当天，区政委命令赵德斌率领民兵分乘小木船潜伏在芦苇荡里，配合雁翎队作战。这一战，彻底切断了日军的运输线，改变了白洋淀抗日战场的形势。

打包运船、马蹄湾伏击战……一次次惊心动魄的抗日战斗，被赵德斌老人以亲历者的视角描写勾画。他手绘了“抗战时期古庄头村地形全图”。图中详细的地理信息更是让人惊叹老人的记忆力。

“1943 年打包运船，缴获轻、重机枪各一挺，大枪六七十支，德国六轮子七支，俘虏日本鬼子六名，伪军二十多名。”“1944 年秋，在赵北口的公路上、十里铺村北阻截敌人增援部队，用地雷炸毁敌人卡车一辆。”……一次次战斗，都被详尽地记录在回忆录中。

从 1990 年开始动笔写第一部回忆录，到 2011 年完成最后一本，老人二十一年笔耕不辍，续写着当年白洋淀雁翎队的传奇。

历史是永久的见证。

赵德斌老人执着的坚守，已经不仅仅是一个人的事情，他用实际行动告诉人们：大善为国。

一个有希望的民族不能没有英雄，一个有前途的国家不能没有先锋。回首峥嵘岁月，我们一路筚路蓝缕、披荆斩棘，众志成城，共筑中国梦。

战争永远残酷，历史永远清晰，我们的人民永远善良。

从某种意义上讲，善是一种精神，更是一种力量。追忆那段国家蒙难的岁月，正是因为有着那样一群誓死保家卫国的善良人们的大善、大智、大勇，才使得我们今天对中华民族传统的“善”有了新的、更加博大的诠释。

我们赞美至善至勇、至高至上的人民，他们对祖国的情感永远是赤诚的，他们体内的血液永远是沸腾的，他们心中永远闪耀着善的光芒。为了祖国，为了人民，他们前赴后继，无怨无悔，这便是最鲜活的爱国情怀。

从善如流

2015 年 2 月 28 日，习近平同志在会见第四届全国文明城市、文明村镇、文明单位和未成年人思想道德建设工作先进代表时强调：人民有信仰，民族有希望，国家有力量。

实现中华民族伟大复兴的中国梦，物质财富要极大丰富，精神财富同样需要极大丰富。

物质文明集聚“形”，精神文明锻造“神”。

这些年来，安新县把培育和践行社会主义核心价值观作为凝魂聚气、强基固本的基础。

走在安新县的大街小巷，驻足每一个公共场所，“讲文明树新风”的宣传语抬眼即见；借助建筑工地围墙、围挡、居民小区院墙、农村的村民院墙，弘扬社会主义核心价值观的文化墙比比皆是；利用宣传标牌、板报、橱窗、店招电子屏等宣传载体，凭借宣传手册、公益短信、电话彩铃、手机彩信等媒介，宣传社会正能量的公益广

安新街头的宣传语

白洋淀景区的宣传板

告异彩纷呈；举办知识竞赛、演讲比赛、宣誓签名等活动，营造着精神文明建设的浓厚氛围。

安新，这座白洋淀畔的秀美小城，连续两次被省委、省政府命名为省级文明县城。她用“勤奋坚韧、厚德包容、开放创新”的白洋淀精神滋养着这片美丽的土地。

为了更好地弘扬善行文化、凝聚向善力量，安新县在县城的省、市级文明单位，社区，文化广场和湿地公园建立了三十多块“善行功德榜”，在乡镇、村建立了“功德录”，在社区建立了“功德档案”。

他们以典型人物的事迹影响和带动更多的人，践行社会主义核心价值观，传播正能量。同时，安新县还广泛开展“我推荐、我评议身边好人”“我们的节日”“文明交通”“文明餐桌行动”等活动，在白洋淀景区开展“十佳船工”“十佳导游”“文明船队”“文明景点”等评选。在白洋淀连片美丽乡村建设中，安新县将文明因子植入其中，广泛开展“美丽庭院”“好婆媳”“好儿媳”“好妯娌”评选，让文明之花在美丽乡村华美绽放。

春风化雨，润物无声。

有声有色的创建行动带动了群众性精神文明建设深入千家万户。良好的社会公德、职业道德、家庭美德、个人品德得到普遍认同，健康、文明、向上的社会风尚逐渐形成，居民文明素养在潜移默化中得到提升。

几年来，安新县努力培育和践行社会主义核心价值观，大力开展道德典型培树，涌现出道德模范、文明标兵五百余人……

在雄安这片土地上，善行义举历来不乏。而如今，生活在这里的人们正在用实实在在的行动，让善行走得更远。

和安新县一样，在善行义举的道路上，容城县同样呈现出磅礴的后劲儿。

从 2006 年开始，容城县就启动了“十佳孝顺儿女”“感动容城”人物评选等系列活动，一批批孝顺儿女、见义勇为、爱岗敬业等典型模范被评出：

二十四
孝
扇枕温衾
黄香，东汉江夏安陆人，九岁
丧母，事父极孝。酷夏时为父亲扇
枕席；寒冬时用身体为父亲温暖
褥。少年时即博通经典，文采飞
扬，京师广泛流传“天下无双，江
夏黄童”。安帝（107—125年）时任
魏郡（今属河北）太守，魏郡遭受
水灾，黄香尽其所有赈济灾民。著
有《九宫赋》、《天子冠颂》等。
二十四
孝
孝感动天
舜，传说中的远古帝王，五帝之一，姓
姚，名重华，号有虞氏，史称虞舜。相传他
的父亲瞽叟及继母、异母弟象，多次想害死
他：让舜修补谷仓仓顶时，从谷仓下纵火，
舜手持两个斗笠跳下逃脱；让舜掘井时，瞽
叟与象却下土填井，舜掘地道逃脱。事后舜
毫不嫉恨，仍对父亲恭顺，对弟弟慈爱。他
的孝行感动了天帝。舜在历山耕种，大象替
他耕地，鸟代他锄草。帝尧听说舜非常孝顺，
有处理政事的才干，把两个女儿娥皇和女英
嫁给他；经过多年观察和考验，选定舜做他
的继承人。舜登天子位后，去看望父亲，仍
然恭恭敬敬，并封象为诸侯。

二十四
扼虎救父
杨香，晋朝人。十四岁时随父亲到田间割稻，忽然跑来一只猛虎把父亲扑倒叼走，杨香手无寸铁，为救父亲，全然不顾自己的安危，急忙跳上前，用尽全身气力扼住猛虎的咽喉。猛虎终于放下父亲跑掉了。
哭竹生笋
芦衣顺母
涌泉跃鲤
恣蚊饱血
闻雷泣墓
平安

安新“二十四孝”宣传板

刘雅莉被评为“2011 年度中国好人榜”上榜好人；

阴艳池被评为河北省道德模范；

……

在这里，“好人”遍地开花。

与此同时，容城县以东牛村、薛庄村为试点，在全县八个乡镇、一百二十七个行政村相继开展“评选身边好人”活动，积极引导更多的人在工作生活中诚实守信、敬业奉献；在公共交往中乐于助人、关爱他人；在家庭生活中孝老爱亲、互敬互让……一大批先进典型从活动中脱颖而出。

多年前，容城县东牛村的老书记张永良发起号召，在全村开展孝亲敬老道德模范评比，希望以此鼓励年轻人孝敬父母、赡养老人。全村一百七十一位道德模范的照片和光荣事迹，先后出现在村小学的外墙上，诉说着村民的纯朴与善良，记录着全村的榜样与荣光，影响着一代又一代的孩子。

说起孝亲敬老道德模范评选，村里人都会提到一个人——阴艳池。这位集河北省道德模范、保定市道德模范和“感动容城人物”荣誉于一身的女子，用真情唤醒重度昏迷婆婆的事情，被人们传为佳话。

2002 年，阴艳池的婆婆突发脑溢血，虽保住了命，却落下个重度昏迷。家人跑遍北京各大医院，老人仍然复苏无望。

回到家中，倔强的阴艳池搬到婆婆的房间和老人同睡一张床，擦身、按摩样样到位。平时她守在婆婆身边给她讲这讲那，下地干活儿时还不忘把录好的河北梆子放给婆婆听。八个月后，婆婆奇迹般地睁开了眼睛，直至起身能说能吃。阴艳池笑中带泪，她赌赢了。

“燕赵之韵 · 善美容城”摄影图片展

老书记张永良看在眼里，喜在心中。“这一代老人年轻时太不容易了，老了应当享点儿福。”为了让村里涌现越来越多的“阴艳池”，张永良想到了评选。

在村小学的外墙上，有一块巨大的“光荣榜”，展示每届孝亲敬老道德模范的照片和事迹。每逢上下学，光荣榜前都围满了老人和孩子。看到那么多人因孝受奖，年迈的老人深感欣慰，年幼的孩子备受教育。

道德模范评选，是东牛村一年一度的“重头戏”。每年重阳节前，由十五个村民小组向村委会提交候选人名单；村委会根据候选人事迹进行走访和民意调查，确定当选人名单并进行一周的公示；在重阳节当天召开村民大会，大张旗鼓地对通过公示的人员进行表彰。“模范家庭”的牌匾，会在锣鼓队的护送下挂在家门口。

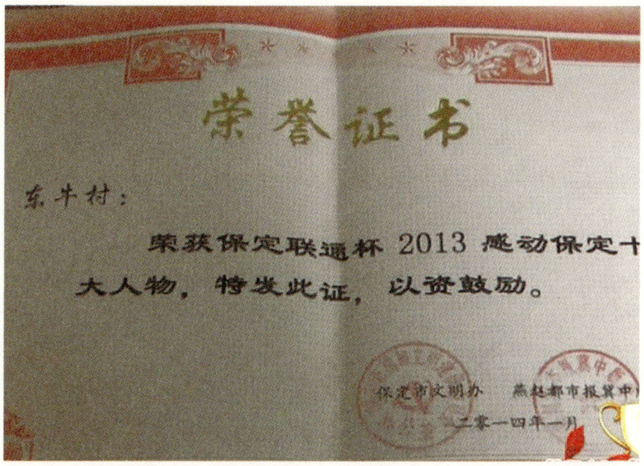

东牛村荣誉证书

东牛村道德模范阴艳池

东牛村召开第七届孝亲敬老节暨九九重阳节表彰大会

东牛村召开第八届孝亲敬老节暨表彰大会

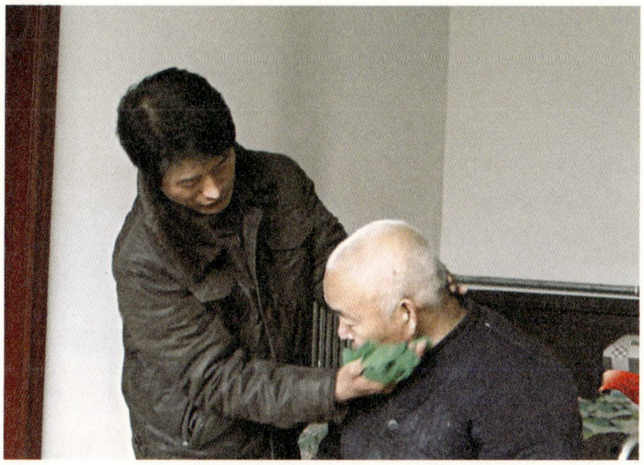

东牛村道德模范张国祥（左一）

东牛村道德模范胡锁定（左一）

“燕赵之韵·善美容城”摄影图片展

20世纪80年代初，东牛村家家户户搞养殖，男女老少会制衣，成了奔小康的“领头羊”。说起致富，很多东牛村村民都坚信，这是因为家和万事兴。

孝亲敬老道德模范评选，让老人们有了“主心骨”，安度晚年变得不再仅是希望。如今，东牛村成了全县效仿学习的对象，东牛村“孝”字当先的风尚，已在容城遍地开花。

我们坚信，在今后更长久的时间里，经过这些人世世代代的传承，善行义举带给他们的将是更多的温暖和力量！

勿以善小而不为，勿以恶小而为之。

这不仅是中国，也是很多国家自古以来尊奉的价值观。大量的小善，滋生于安定、平静的生活之中，不显山，不露水，却能显示出一个社会的和谐、安宁。

善无大小，人人为之，时时为之，处处为之，于是，无所不善。善虽小而无不为，小善中有大善之德，就有更大的可能和更多的人“恶虽小而不为”，一旦灾难来临，就有更多的人有敢当敢为之精神和行动，其善莫大焉！

善，任何时候都是我们遭逢困厄时，润养热血的能量；

善，任何时候都是我们面对非议时，坦然面对的姿态；

善，任何时候都是我们遥望未来时，信心百倍的动力。

雄安新区正怀揣着这样的信念，昂首阔步地踏上新的征程。因为善的存在，未来的路上必定常是春暖花开的时节，朵朵鲜花次第绽放，绚丽耀眼……

容城一角

萬博

雄县街头的宣传语

后记

最初对雄安新区的了解，除了爆炸式的新闻外，就是一些存留脑海的碎片式的书本知识。

接到《善哉雄安》一书的创作任务后，一时间，茫然扑面而来。

对于这样一个庞大的、抽象的课题，该用什么内容、怎样的方式来诠释？通过查阅大量的历史资料，通过实地走访，我们越来越发现：长期以来，一直被我们津津乐道的“善”，在雄安新区这块不大的土地上，竟然有着如此深厚的根基。

那是历史更迭的沉积，那是岁月磨砺的厚茧，那更是灵魂深处最本真天性的保存。

很长一段时间，我们不敢动笔。

从历史到当下，几千年的人和事，需要我们一一过滤。

繁重的工作从查阅史料开始。从地方志到人物传记，从历史背景到大事件，都需要在资料之外去证实它的真实性，需要在资料之内去挖掘它的深度和厚度。这是一项枯燥而艰难的工作。

但是，随着查阅资料的不断深入，我们想要动笔的冲动愈发强烈。

当越来越多的散落的历史碎片被我们一一打捞出来的时候，我们被这个地方的历史乃至世代生活在这里的人们的善行义举震撼了！

沉浸在雄安新区漫长而沉实的历史海洋里，大善保家卫国，小善孝老爱亲，有真实发生有文字记载的，有口头传承无从查证的，甚至还有一些传说。太多的善行故事就这样让雄安新区有了一种沁人心脾的温度。

那是太阳一样的温暖！

急于动笔的冲动，就是从这一刻开始的。

公元2017年4月中旬的一天，我们终于从堆积如山的故纸堆里抬起头来，激情高涨地坐到了电脑桌前。

很长一段时间来，我们在浩如烟海的文化典籍里钩沉打捞与雄安有关的所有信息，这个新崛起的地方也像一位久别的故人，在历史的深处与现实中的我们进行着一场超越时空的心灵对话。

一个个有着生命体温气息的历史人物，一段段荡气回肠、感人肺腑的故事，驱使着我们的手指在键盘上疾速地敲打，雄安新区从故纸堆里走出来，活生生地嵌入电脑屏幕。

撰写《善哉雄安》的过程，我们感觉进入到了此前完全陌生化的精神世界中。循着历史演进的历程，我们徜徉于朝代更迭之中，开始顶受无数个善行义举对灵魂的洗礼。

终于，在经历了无数个凝滞与徘徊、感动与兴奋的昼夜之后，我们再一次用文字还原和记录了那些经久传颂或鲜为人知的历史。

闭目凝思，写作《善哉雄安》的过程，既是探究雄安历史和民间文化的过程，也是自我人格完善和提升的过程。

尽管如此，我们知道，钩沉历史需要的时间远比我们想象的要多得多。所以，遗漏的地方一定是存在的，一些人物和事件中的细节也需要我们更深入地探究和挖掘。

对于这些，我们愿意在今后的时间里，持续地去关注，长久地去探索，把更多、更精彩的关于雄安的善行故事传播出去，让更多的人了解雄安，了解中国！

雄安，善哉；善哉，雄安！

编后语

由河北大学出版社策划并与河北大学雄安传统文化研究中心、保定市文化广电新闻出版局联合推出的“魅力雄安丛书”终于面世了。

河北雄安新区的设立，吸引了中国乃至世界的目光。

巨大的历史机缘，缩短了历史与现实的距离，再一次将我们拉回到对于这片有着悠久历史、充满了人文传统、承载着文化传承的古老土地的关注与探寻。

史载，禹分九州，“冀”为其首。历史上，“燕赵”始终是河北的典型符号。然而，赵南燕北，燕与赵在历史文化上既有着无法割裂的贯通之同，也有着文脉承袭的迥异之别，其中，雄安所处则向为幽燕文化的核心区域，具有典型的燕文化特质。

其一，雄安文化的源头是“幽燕文化”。雄安地区在历史上的不同时期曾属燕国、幽州，故史称“幽燕”，历代诗文中，多以“幽燕”特指。雄安地区的文化，用“幽燕文化”来定义，应是较为准确的选项。自“荆轲刺秦”起，每当中华文明、中华民族面临生死抉择时，最先被唱响的往往是一曲激扬民族精神的令人荡气回肠的《易水歌》，它就像人体的免疫细胞一样，唤醒着国家与民族的自愈能力。

其二，雄安地域一直是汉民族与北方各民族接触的前沿区域，有着多民族融合的文化印迹。至迟自燕弃侯称王时起，便以修建长城的方式来“隔疏”与北方各民族的接触；五代、辽、宋时期的边界直接推移到了今容城、雄县一带，汉民族与北方各民族的文化界限，从此变为以“地下长城”——宋辽古战道为象征物。象征物的变化，标志着民族接触的加强与融合的加快。雄安地区也因此成了“杨家将”“萧太后”等民族文化记忆的核心；随着全国政治中心的北移，明、清成为中国历史上北方地区汉文化与各民族文化大碰撞、大融合的又一重要时期，雄安地区无疑是这一深刻变革的亲历者和见证者。民族文化的接触、碰撞、融合，是优秀文化基因的相互吸收，是有着更强生命力的中国北方文化直至中华文化的塑造与熔铸。

其三，宋辽文化是雄安地区文化的重要内容。雄安地处宋辽交界处，是北方民族交流的重要区域。两国的百年和平，形成中国历史上新的南北朝。当时，两国交密，欧阳修、苏辙、沈括等都曾作为使臣出使辽国。他们通常从白沟出发，经涿州、北京、承德、平泉，最终抵达赤峰。这条线路的打通，标志着丝绸之路和茶马古道向中国北方内陆直到东北亚地区的大规模延伸。历史上，契丹民族正是通过将幽燕地域农业人口迁徙至其腹地，奠定了东北文化的根基，这在世界移民史上实属独特、罕见。

其四，历史文脉是因有效的、不间断的继承所形成的文化发展脉络。就雄安地域来说，历史文脉主要由汉语方言、地方文教传统、地方非物质文化遗产等加以体现。方言是文化的主要载体之一，直到现在，雄安地区的汉语方言仍然保留着五代—辽—北宋对峙时期所形成的语言格局，辽代汉语的语音底层尚留存于方言之中；地方文教传统是一个地方社会整体上对教育的重视程度，它能够使相应地域持续地维持住其文化个性；地方非物质文化遗产是人民创造的特殊的文化成果，是地方文化最鲜明的代表。雄安地域的非物质文化遗产丰富多彩，反映出雄安人民所具有的非凡的智慧和无尽的创造力，这是历史文脉得以延续的坚实基础。

其五，雄安地区在中国近现代文化中也具有十分重要的地位。白洋淀是“荷花淀派”文学流派的核心母题之一，是抗战文化中一个有着深厚精神积淀的标志性意象。以冀中白洋淀抗战历史及其文化为代表的抗战精神，延续着历代雄安人民不屈不挠的品格特质，构成了雄安地区新的文化传承目标，也是雄安新区在当代的建设发展中不可或缺的文化底蕴。

……

历史在这里延续。

文化在这里传承。

辉煌在这里续写。

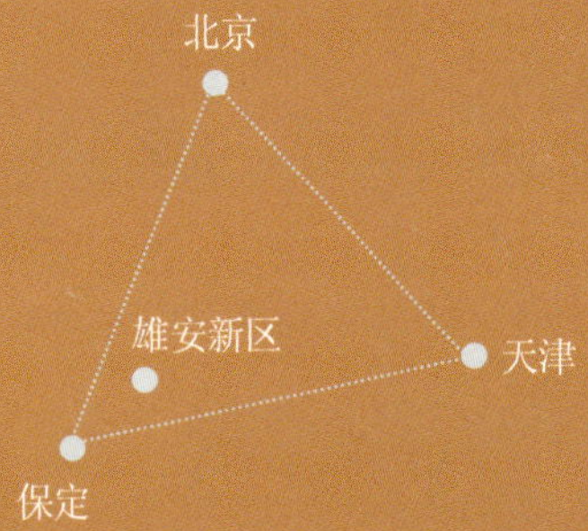

责任编辑：杨显硕
韩立霞
装帧设计：赵　谦
王占梅
责任印制：靳云飞

ISBN 978-7-5666-1193-2

定价：45.00元